6

D wie Deutsch

Das Arbeitsheft Basis und Plus

Lösungen

Seite 6

1 Ich bin für (Z. 1); Meiner Meinung nach … überflüssig (Z. 3–4); Ich finde die Idee gut (Z. 8); Ich bin auch dafür (Z. 9); keine so gute Idee (Z. 15); Ich bin auch dagegen (Z. 16)

2 **a.** blau: macht bestimmt Spaß; Würmer liefern Komposterde; Bioabfall dann wiederverwerten; alle Klassen etwas dazu beitragen; Würmer beobachten können

2 **b.** rot: schon genug Arbeit; schaffen es bestimmt nicht, den Würmern regelmäßig Futter zu bringen; keine falschen Abfälle; unhygienisch

3 *Beispiel für Lösungen:*
Ich bin für eine Wurmkiste, weil die Würmer Dünger für unsere Pflanzen liefern.
Ich bin gegen eine Wurmkiste, denn Würmer sind unhygienisch.

Seite 7

4, **6** *Beispiel für eine Lösung:*

Argumente für die Wurmkiste	Wichtigkeit
– Es macht Spaß, die Kiste zu bauen und die Würmer hineinzusetzen.	3
– Die Würmer liefern Komposterde, also Dünger für die Pflanzen.	2
– Wir können unseren Bioabfall wiederverwerten.	1
– Alle Klassen können etwas beitragen, indem sie Bioabfälle sammeln.	
– Wir können ein Plakat gestalten, damit andere Klassen die Wurmkisten nachbauen können.	

6 *Beispiel für eine Lösung:*
Wir finden eine Wurmkiste gut, weil es Spaß macht, die Kiste zu bauen und die Würmer hineinzusetzen.
Außerdem liefern Würmer Komposterde.
Vor allem können wir dann unseren Bioabfall wiederverwerten.

7 *Beispiel für eine Lösung:*
nicht genug Futter, falsche Abfälle, Schimmel

8 *Beispiel für eine Lösung:*
Flyer, Aufruf in der Schülerzeitung zum Futtersammeln, Plakat mit Hinweisen zum Müll

Seite 8

9 *Beispiel für eine Lösung:*

Aachen, den 14. 10. 2020

Sehr geehrter Herr Lenz,

die Schulgarten-AG möchte gerne eine Wurmkiste für Bioabfälle anlegen.

Wir finden eine Wurmkiste gut, weil es Spaß macht, die Kiste zu bauen und die Würmer hineinzusetzen.
Außerdem liefern Würmer Komposterde, also Dünger für unsere Pflanzen im Schulgarten.
Und vor allem können wir dann unseren Bioabfall wiederverwerten.
Es darf aber nur der richtige Biomüll in die Wurmkiste. Wir wollen deshalb für alle Klassen einen Flyer mit Informationen und ein Plakat gestalten.

Wir würden uns freuen, wenn Sie eine Wurmkiste genehmigen.

Mit freundlichen Grüßen

Ihre Schulgarten-AG

Seite 9

1 *Beispiel für eine Lösung:*
Pascal und Malik finden eine Leseecke gut.
Jenny ist gegen eine Leseecke.

2 *Argumente für eine Leseecke:*
weil man dann entspannen kann (Z. 8); Kosten können wir gering halten (Z. 11); kleine Pausenaktionen (Z. 14); Rückzugsort (Z. 18)
Argumente gegen eine Leseecke:
ziemlich teuer (Z. 10); lesen im Unterricht schon so viel (Z. 16); lieber bewegen (Z. 17); nicht … ruhiger Ort (Z. 20)

Seite 10

3, **4**

Vorschlag: Eine Leseecke im Schulgebäude

	Pro-Argumente (dafür)	Kontra-Argumente (dagegen)
	entspannen	teuer
	geringere Kosten durch Spendenaufruf, gebrauchte Bücher	lesen schon so viel
2	Pausenaktionen, vorlesen	lieber bewegen statt lesen
1	ruhig, Rückzugsort	nicht ruhig genug
3	Plakate mit Buchempfehlungen gestalten	es gibt schon einen Aufenthaltsraum

5 **a.** *Argument:* weil wir dort auch ab und zu kleine Aktionen anbieten können
Beispiel: Zum Beispiel könnten ältere Schülerinnen und Schüler den Jüngeren vorlesen.

5 **b.** *Beispiel für eine Lösung:*
Schülerinnen und Schüler können z. B. auch Bücher präsentieren oder auf Plakaten vorstellen.

6 Ideenwettbewerb ausrufen; Bücherregale als Lärmschutz, große Pflanzen; Schild anbringen, das zur Ruhe auffordert

Seite 11

7

Köln, den 17. 11. 2020

Sehr geehrte Frau Friesen,

die Bücher-AG möchte gerne in der Projektwoche eine Leseecke einrichten. Die Leseecke könnte als Ort genutzt werden, an dem die Schülerinnen und Schüler nach einer Unterrichtsstunde in aller Ruhe lesen können. Zudem könnten wir, die Bücher-AG, die Leseecke als Veranstaltungsort nutzen, beispielsweise für eine Vorlesestunde oder eine Bücherpräsentation. Außerdem dient eine Leseecke als Rückzugsort, um ungestört und konzentriert zu lernen. Deshalb möchten wir gerne so eine Leseecke einrichten und würden uns über Ihre Unterstützung freuen.

Mit freundlichen Grüßen

Pauline Maier (6 c) für die Bücher-AG

Seite 12

1 *Beispiel für eine Lösung:*
Juri möchte, dass auf dem Schulhof ein Skateplatz eingerichtet wird.

2 Alina und Juri: Sie sind für einen Skateplatz. Sie finden, dass alle Schüler etwas davon hätten.
Tom: Er ist gegen einen Skateplatz. Er hält die Verletzungsgefahr für zu groß.

Seite 13

3 **a.**, **b.**, **4** **a.** *Beispiel für eine Lösungen:*

	Pro-Argumente	Kontra-Argumente
	Schulhof zu langweilig	Verletzungsgefahr
2	alle Schüler gemeinsam	Trainer nötig
	etwas für Anfänger und Fortgeschrittene	groß und teuer
3	Lehrer bereit, etwas Neues auszuprobieren	Helme usw. notwendig, teuer
1	für Pausensport und Sportunterricht nutzbar	Aufsicht muss immer anwesend sein

4 **b.** *Beispiel für eine Lösung:*
Ein Skateplatz kann in den Pausen genutzt werden, um Sport zu treiben. Es kann aber auch Skaten im Sportunterricht angeboten werden.

5 **a.** *Argumente:* weil wir dann etwas Neues ausprobieren können; da unsere Schule vielfältige Sportangebote braucht
Beispiele: beispielsweise eine Skater-AG oder einen Skate-Contest; bisher gibt es zum Beispiel nur Fußball und Basketball

5 **b.** *Beispiel für eine Lösung:*
Alle Schüler können gemeinsam den Skateplatz nutzen, zum Beispiel können erfahrene Skater den Neulingen Tipps geben und helfen.

Seite 14

6 *Beispiel für eine Lösung:*
Sie werden vielleicht einwenden, dass die Verletzungsgefahr beim Skaten sehr hoch sei. Unserer Meinung nach ist sie jedoch nicht größer als beim Klettern oder beim Fußball.

7 *Beispiel für eine Lösung:*

Köln, 20. 11. 2020

Sehr geehrter Herr Stein,

wir, die Schülervertretung der Hugo-Junkers-Gesamtschule, würden gerne während der Projektwoche einen Teil unseres Schulhofes neu gestalten und dort einen Skateplatz einrichten. Alle Schülerinnen und Schüler können so etwas Gemeinsames machen, unabhängig von ihrem Alter. Beispielsweise könnten Schülerinnen und Schüler der niedrigen Jahrgangsstufen gemeinsam mit älteren Jugendlichen üben. Zudem ist ein Skatepark für Anfänger und

Fortgeschrittene geeignet. Zum Beispiel könnten die geübteren Schüler an der großen Halfpipe üben, während Anfänger die einfachen Elemente benutzen. Auch ist das Skaten eine gute Möglichkeit, in der Pause Sport zu treiben und aktiv zu sein, beispielsweise beim Üben von besonderen Sprüngen. Sie könnten vielleicht einwenden, dass die Verletzungsgefahr sehr groß sei. Unserer Meinung nach ist sie jedoch nicht größer als beim Klettern oder beim Fußball. Wir schlagen aber eine Helmpflicht vor. Die Helme könnten von den Schülerinnen und Schüler kostenlos ausgeliehen werden.

Wir möchten Sie bitten, uns bei unserem Vorhaben zu unterstützen. Wir freuen uns sehr über eine Antwort.

Mit freundlichen Grüßen

Ihre SV der Hugo-Junkers-Gesamtschule

Seite 16

1 Zuerst kontrollierte Jette an einem Pkw die Lichtanlage kontrolliert. Anschließend reichte sie einer Auszubildenden Werkzeug an. Nach einer Probefahrt zur Mittagszeit spritzte Jette einen PKW mit einem Hochdruckreiniger ab. Danach füllte sie Scheibenreiniger in die Scheibenwaschanlage. Zuletzt fegte sie die Werkstatt.

Seite 17

2 **a.** (Z. 3) ~~mit coolem Style~~; (Z. 12) ~~Aber Mia hat es echt drauf~~; (Z. 13–14) ~~Das Wetter war super! Dabei hat mir Mia alles Mögliche erzählt.~~; (Z. 22) ~~Das war nicht mein Ding.~~

2 **b.** *Beispiel für Lösungen:*
Ich habe ihr gesagt, welche Lampen funktionieren und welche nicht.
Mia weiß viel über Technik.
Es war ganz schön staubig dort!

3 **a.** bis **c.**

Verben im Perfekt	Verben im Präteritum
haben kontrolliert	kontrollierten
habe angereicht	reichte an
habe abgespritzt	spritzte ab
habe gemacht	machte
ist gewesen	war
habe gearbeitet	arbeitete
hat gezeigt	zeigte
habe geholfen	half

4 Ich reichte Mia das Werkzeug, sodass sie die Schrauben damit festziehen konnte.
Ich fegte die Werkstatt, weil es dort ganz schön staubig war.

Seite 18

5 bis **8** *Beispiel für Lösungen:*
(Überschrift) Werkzeuge und eine Probefahrt: Mein Tag im Kfz-Betrieb
(Wann? Wo?) Vor drei Tagen, am 28. März, habe ich im Rahmen des Girls'Day im Kfz-Betrieb Löwe gearbeitet.
(Was?) Zuerst zeigte mir Mia, eine Auszubildende, einen gebrauchten Pkw, der für den Verkauf überprüft werden sollte.
Anschließend half ich ihr bei der Kontrolle und der Reinigung des Wagens.
Mia schaltete die Beleuchtung ein und ich sagte ihr, welche Lampen funktionieren und welche nicht.
Danach reichte ich ihr das Werkzeug, damit sie die Schrauben an den Rädern prüfen und festziehen konnte. Gegen Mittag machten wir eine kleine Probefahrt. Später spritzte ich den Pkw mit einem Hochdruckreiniger von außen ab. Schließlich zeigte mir Mia an einem anderen Auto, wie man Scheibenreiniger in die Scheibenwaschanlage füllt. Zuletzt fegte ich noch die Werkstatt, weil es staubig war.
(Wie?) Der Tag ging sehr schnell vorbei und mir gefiel es, in der Werkstatt zu helfen.

Seite 19

1 Nils erzählt mündlich von seinem Praktikum. Dabei verwendet er das Perfekt und erzählt in einem nicht-sachlichen Ton. Außerdem enthält die Erzählung überflüssige Informationen.

Seite 20

2 **a.** *Unwichtige Informationen:*
(Z. 9–11) Also morgens habe ich echt lange auf meine Betreuerin gewartet. Die ist dann eine halbe Stunde später gekommen, da sie im Stau gestanden hatte. Das war echt nervig!; (Z. 18–19) Das sind wirklich viele Schränke mit Regalen gewesen.; (Z. 31–32) Dann habe ich erst mal meine Jeans reinigen müssen, auf die ich aus Versehen einiges von der Flüssigseife getropft hatte.

2 **b.** *Beispiel für eine Lösung:*
Zuerst führte mich meine Betreuerin durch die unterschiedlichen Abteilungen im Krankenhaus. Danach gingen wir zur Klinikapotheke, in der ich dann auch blieb. Dort zeigte mir die PTA die Arzneimittelausgabe, wo ich eine Stunde lang unter Aufsicht das Verfallsdatum von Arzneimitteln kontrollierte. Später zeigte sie mir das Labor und wir gingen in die Abteilung „Herstellung". Hier stellte ich selbst eine Flüssigseife her, die ich anschließend in Plastikflaschen füllte und diese verschloss. Zuletzt säuberte ich die benutzten Geräte.

3 Was? Teilnahme am Boys'Day; Wer? Nils, seine Betreuerin, eine PTA; Wo? Zentralapotheke des Krankenhauses, Labor; Warum? Boys'Day; Welche Folgen? Den Beruf PTA kennengelernt und interessante Dinge gelernt

Seite 21

4 *Beispiel für eine Lösung:*
Ich verbrachte den Boys'Day in der Zentralapotheke des Krankenhauses, um den Beruf des PTA, des „Pharmazeutisch-Technischen Assistenten", kennenzulernen. Zuerst führte mich meine Betreuerin durch das Krankenhaus, damit ich alle Abteilungen kennenlerne. Schließlich kontrollierte ich in der Apotheke das Verfallsdatum von Arzneimitteln.

5 **a.** bis **d.** *Beispiel für Lösungen:*
(Überschrift) Wo Tinkturen und Salben hergestellt werden – Mein Tag in der Klinikapotheke
(Einleitung) Ich verbrachte den Boys'Day in der Zentralapotheke des Krankenhauses, um den Beruf des PTA, des „Pharmazeutisch-Technischen Assistenten", kennenzulernen.
(Hauptteil) Zuerst zeigte mir meine Betreuerin die unterschiedlichen Abteilungen im Krankenhaus. Danach brachte sie mich zur Klinikapotheke, in der ich dann auch blieb. Dort zeigte mir eine PTA die Arzneimittelausgabe, wo ich eine Stunde lang unter Aufsicht das Verfallsdatum von Arzneimitteln kontrollierte. Später zeigte sie mir das Labor. Hier stellte ich selbst eine Flüssigseife her, die ich anschließend in Plastikflaschen füllte und diese verschloss. Zuletzt säuberte ich die benutzten Geräte.
(Schluss) Insgesamt gefiel mir der Tag sehr gut und ich konnte viele interessante Dinge sehen.

Seite 23

1 **a.** (Z. 6) ~~in einem kleinen Raum~~; (Z. 10–11) ~~Ich habe ganz schön komisch ausgesehen in den Klamotten!~~; (Z. 27–28) ~~Das sind viele Torten gewesen. Ich hatte echt Angst, dass ich eine der Torten fallen lasse!~~; (Z. 32–33) ~~Das sieht leichter aus, als es ist!~~

1 **b.** Zuerst erklärte mir mein Betreuer, Herr Schulze, die Sicherheits- und Hygienevorschriften. Danach zog ich mir einen Kittel, eine Haube und Handschuhe über und bekam eine Führung durch den Betrieb, bei der ich die verschiedenen Geräte in den verschiedenen Werkstätten sah. Dann zeigte mir eine Kollegin, wie man eine Creme für eine Sahnetorte anrührt. Anschließend vermischte ich selbst die Zutaten und ein Spezialcremepulver mit einem Mixer, um die fertige Creme in ein größeres Kühlgerät zu gießen. Später sah ich einem Konditor bei der Fertigstellung der Sahnetorte zu. Schließlich beobachtete ich, wie ein Biskuitteig angerührt wurde und durfte danach selbst den Teig fertigstellen. Auch hier benutzte ich fertige Mischungen, die ich mit Milch und Eiern in einem großen Rührgerät vermischte. Nachmittags begleitete ich einen Kollegen, der fertig verzierte Torten für eine Hochzeitsfeier auslieferte. Nach einer Stunde kamen wir zurück. Zuletzt umhüllte ich eine Probetorte mit Fondant und dann verzierte ich sie mit Sahne aus einem Spritzbeutel.

2 **a., b.** Was? Teilnahme am Boys'Day; Wer? Luca, sein Betreuer Herr Schulze, Kollegin, Konditor; Wann? Im März am Boys'Day von 8:00 bis 16:30; Wo? Kuchen- und Tortenmanufaktur; Was der Reihe nach? Vorschriften, Führung durch Betrieb, Creme für Sahnetorte anrühren, Biskuitteig fertigstellen, Torte ausliefern, Umhüllen und Verzieren einer Probetorte; Welche Folgen? Interesse am Beruf

3 Nachdem ich um 8:00 Uhr angefangen hatte, erklärte mir mein Betreuer die Vorschriften. Nachdem meine Kollegin mich durch die Halle geführt hatte, zeigte sie mir, wie man eine Sahnetorte anrührt.

Seite 24

4 **a., b.** *Beispiel für Lösungen:*
~~Ich habe ganz schön komisch ausgesehen in den Klamotten!~~ → Das Tragen der Kleidung war ungewohnt für mich.
~~Für die Feinarbeit benötigt man echt ein ruhiges Händchen.~~ → Die Feinarbeit erfordert viel Konzentration.
~~Ich hatte echt Angst, dass ich eine der Torten fallen lasse.; Das sieht leichter aus, als es ist.~~ → Diese Aufgabe war eine Herausforderung für mich.
~~Der Boys'Day hat mega Spaß gemacht.~~ Die Arbeit in der Kuchen- und Tortenmanufaktur hat mir sehr gut gefallen.

5 Herr Schulze beauftragte mich, den Kittel, die Haube und die Handschuhe anzuziehen, damit ich geschützt bin und die Vorschriften eingehalten werden.
Herr Bauer bat mich, vorsichtig zu sein, wenn ich die Torten aus dem Auto zum Kunden trage.

6 *(Überschrift)* Vom Teig bis zur Verzierung: Mein Boys'Day in der Tortenmanufaktur
(Einleitung) Um 8:00 Uhr morgens fing mein Boys'Day an einem Tag im März in der Kuchen- und Tortenmanufaktur an. Zuerst erklärte mir mein Betreuer, Herr Schulze, die Sicherheits- und Hygienevorschriften. Danach zog ich mir einen Kittel, eine Haube und Handschuhe über und bekam eine Führung durch den Betrieb, bei der ich die verschiedenen Geräte in den verschiedenen Werkstätten sah. Dann zeigte mir eine Kollegin, wie man eine Creme für eine Sahnetorte anrührt. Anschließend vermischte ich selbst die Zutaten und ein Spezialcreme-

pulver mit einem Mixer, um die fertige Creme in ein größeres Kühlgerät zu gießen. Später sah ich einem Konditor bei der Fertigstellung der Sahnetorte zu. Die Feinarbeit erforderte viel Konzentration. Schließlich beobachtete ich, wie ein Biskuitteig angerührt wurde, und durfte danach selbst den Teig fertigstellen. Auch hier benutzte ich fertige Mischungen, die ich mit Milch und Eiern in einem großen Rührgerät vermischte. Nachmittags begleitete ich einen Kollegen, der fertig verzierte Torten für eine Hochzeitsfeier auslieferte. Nach einer Stunde kamen wir zurück. Zuletzt umhüllte ich eine Probetorte mit Fondant und dann verzierte ich sie mit Sahne aus einem Spritzbeutel. Diese Aufgabe war eine Herausforderung für mich. *(Schluss)* Trotzdem gefiel mir der Tag sehr gut und ich konnte viel lernen.

Seite 26

1 b. *Beispiel für eine Lösung:*
Reisen im All oder Leben der Astronauten im All

Seite 27

3
- Speisen am All sind gefriergetrocknet
- Nahrung kann aufgrund der Schwerelosigkeit schweben
- Nahrungsreste dürfen nicht in die Geräte gelangen, da ansonsten Schäden entstehen können

4 **1)** Die Versorgung der Raumstation
2) Die Zubereitung der Nahrung
3) Die Nahrung der Astronauten

5 *Beispiel für eine Lösung:*
1) Die Versorgung der Astronauten im All mit Nahrung ist kompliziert und muss gut geplant werden.
2) Die Nahrung der Astronauten unterscheidet sich kaum noch von der Nahrung auf der Erde, aber sie muss anders zubereitet werden.
3) Die Nahrung der Astronauten muss viel stärker gewürzt werden als auf der Erde, da sie im All anders schmeckt.

Seite 28

6 a. (1) 330–435 km
(2) Transporter starten alle paar Monate ins All und bringen die Lebensmittel.
(3) Astronauten essen ähnliche Speisen wie wir auf der Erde, nur die Zubereitung ist anders.
(4) Die Nahrung muss zunächst mit Wasser erhitzt werden. Da sie in der Schwerelosigkeit schwebt, muss man sehr beim Essen aufpassen. Lebensmittelreste können die Geräte beschädigen.

6 b. *Beispiel für Lösungen:*
Wie viel Kilogramm Güter braucht ein Astronaut am Tag? → ca. 15 Kilogramm
Warum wird den Lebensmitteln für die Astronauten auf der Erde Wasser entzogen? → Damit sie leichter sind und besser ins All transportiert werden können.

7 a., b. (1) ISS (Z. 3): Internationale Raumstation; Ort, an dem die Astronauten im All leben
(2) Transporter (Z. 7): eine Rakete oder Ähnliches, die Nahrung und andere Güter zur ISS bringt
(3) gefriergetrocknet (Z. 18): Nahrung wird Wasser entzogen, damit sie leichter wird und man sie besser ins All transportieren kann.

9 Eine Überprüfung der Wandzeitungen sollte mit den Fragen gelingen. Diese können als eine Art Checkliste dienen.

Seite 29

1 a. Das Thema ist die Reparatur eines Teleskops im All.

2 *Beispiel für Lösungen:*
die Gefahren bei der Reparatur, ein kleiner Fehler mit großer Auswirkung, Reparaturen in der Schwerelosigkeit

Seite 30

3 *Beispiel für Lösungen:*
Die Reparatur dauerte 40 Stunden.
Eine Beschädigung des Raumanzuges hätte lebensgefährlich sein können.
Obwohl die Reparatur mühsam war, spricht man auch heute noch von einem Spaziergang.

4 a. Abschnitt 1: Foto 3; Abschnitt 2: Foto 1; Abschnitt 3: Foto 4; Abschnitt 4: Foto 2

4 b. Abschnitt 1: Eine solche Außenarbeit war die Reparatur des Hubble-Weltraumteleskops. (Z. 5 f.)
Abschnitt 2: Leider stellte sich schnell heraus, dass die Bilder, die Hubble aufnahm, nicht sehr scharf und somit unbrauchbar waren. (Z. 10 f.)
Abschnitt 3: Vereinfacht dient ein Hauptspiegel in einem Teleskop dazu, das von außen eingefangene Licht zu bündeln. Dieses gebündelte Licht wird zu einem kleineren Fangspiegel gelenkt, der dann das Licht nach außen führt, sodass es für das menschliche Auge gut sichtbar ist. (Z. 15 ff.)
Abschnitt 4: 1993 starteten einige Astronauten mit einem Space-Shuttle ins All, um Hubble zu reparieren. (Z. 26 f.)

Seite 31

5 a., b. Hauptspiegel (Z. 15), Fangspiegel (Z. 17), Schlifffehler (Z. 21), Weltraumanzug (Z. 29), Schwerelosigkeit (Z. 30)

5 c. (1) Wie funktionieren Weltraumspaziergänge? → Die Astronauten verlassen ihr Raumschiff bzw. die Raumstation und arbeiten außen in der Schwerelosigkeit.

(2) Warum hat man ein Teleskop im All ausgesetzt? → Die Forscher erhofften sich neue Informationen über das All, wie z. B. das Alter des Alls.
(3) Warum waren die Bilder von Hubble so unscharf? → Der Hauptspiegel des Teleskops hatte einen unvorstellbar kleinen Schlifffehler, 50-mal kleiner, als ein menschliches Haar dick ist.
(4) Warum war der Außeneinsatz für die Astronauten so gefährlich? → Das scharfkantige bzw. spitze Werkzeug der Astronauten hätte ihren Raumanzug beschädigen können.

6 **a., b., c.** *Beispiel für Lösungen:*
Schlifffehler (Z. 21): Ist ein Spiegel eines Teleskops nicht perfekt geschliffen, sodass er das einfallende Licht nicht perfekt bündeln kann, dann spricht man von einem Schlifffehler.
Mikrometer (Z. 22): Ein Mikrometer ist eine Längeneinheit, ähnlich wie Meter oder Millimeter. Ein Mikrometer entspricht einem 1000-stel Millimeter.
Galaxie (Z. 9): Eine Galaxie ist eine Ansammlung von Sternen, ähnlich wie unser Sonnensystem bzw. die Milchstraße, in der sich unser Sonnensystem befindet.
Weltraumanzug (Z. 29): Dies ist ein spezieller Anzug, den Astronauten tragen müssen, wenn sie ihre Raumstation verlassen. Er schützt vor Hitze, Kälte oder lebensgefährlicher Sonneneinstrahlung.
Planet (Z. 9): Ähnliche wie unsere Erde gibt es weitere Planeten, die um unsere Sonne kreisen, wie z. B. Mars oder Saturn. Sie alle gehören zu unserem Sonnensystem.

8 Eine Überprüfung der Wandzeitungen sollte mit den Fragen gelingen. Diese können als eine Art Checkliste dienen.

Seite 32

1 **b.** *Beispiel für eine Lösung:*
Das Thema des Textes ist vermutlich das Leben eines Astronauten in der Schwerelosigkeit.

Seite 33

2 *Beispiel für Lösungen:*
In der Schwerelosigkeit sind alle Dinge federleicht.
Die Schwerelosigkeit ist für Menschen nicht ungefährlich, da sich z. B. Muskeln und Knochen zurückbilden.
In der Schwerelosigkeit erleiden viele Astronauten die sogenannte Raumkrankheit.
Um in der Schwerelosigkeit leben zu können, muss man im Vorfeld und auch im All viele Stunden an speziellen Geräten trainieren.

3 Die Lösungen des 3. Schritts des Lese-Profis finden sich in der Tabelle zu Aufgabe 4 sowie in den Lösungen zu Aufgabe 5.

4 **a., b.** *Textabschnitt:* Z. 1–10
Zwischenüberschrift: Die Besonderheit der Schwerelosigkeit
Informationen:
Tätigkeiten auf der Erde sind anders als im All.
Im All schwebt man umher.
Schwerelosigkeit als Ursache.

Textabschnitt: Z. 11–21
Zwischenüberschrift: Die 1. Ursache der Schwerelosigkeit: Die Anziehungskraft der Erde
Informationen:
Alle Körper üben eine Anziehungskraft auf andere Körper aus.
Die Erde ist so groß, dass wir ihre Anziehungskraft immer spüren und sie nicht überwinden können.
Auch über eine Entfernung von 350 km ist die Anziehungskraft der Erde zu stark, um sie zu überwinden.

Textabschnitt: Z. 22–31
Zwischenüberschrift: Die 2. Ursache der Schwerelosigkeit: Die Fliehkraft
Informationen:
Die Raumstation ISS rast mit 25 000 km/h um die Erde, wodurch sie einer sehr starken Fliehkraft unterliegt, die sie ins All schleudern müsste.
Die Fliehkraft der ISS und die Anziehungskraft halten sich genau die Waage und sind gleich stark.
Im Gleichgewicht zwischen Fliehkraft und Anziehungskraft entsteht die Schwerelosigkeit.

Textabschnitt: Z. 32–42
Zwischenüberschrift: Die Auswirkungen der Schwerkraft auf den menschlichen Körper
Informationen:
Die Schwerkraft kann zu Muskelabbau und Knochenschwund (Osteoporose) führen.
Weil das Blut in der Schwerkraft anders durch unsere Adern fließt, kann es zu Übelkeit und Kopfschmerzen (Raumkrankheit) führen.
Durch ein spezielles Training kann man die Raumkrankheit überwinden.

Seite 34

5 **a.** *Schwerkraft:* Anziehungskraft, die die Erde auf den menschlichen Körper und Gegenstände ausübt
Fliehkraft: eine Kraft, die auf einen Körper oder Gegenstand nach außen wirkt, der sich sehr schnell um einen Mittelpunkt dreht, z. B. auf einen Menschen in einem Karussell oder auf die ISS, die schnell um die Erde kreist

5 **b.** *Beispiel für Lösungen:*
Osteoporose: Abbau der Knochenstruktur, verursacht durch die Schwerelosigkeit
Raumkrankheit: Übelkeit und Schwindel, verursacht durch die Schwerkraft, die das Blut im menschlichen Organismus anders fließen lässt als auf der Erde

6 **a.** Was ist Schwerelosigkeit? ein Zustand, der durch ein Gleichgewicht von Anziehungskraft und Schwerkraft ausgeübt wird
Was bezeichnet man als Raumkrankheit? siehe Lösung zu Aufgabe 5 a

6 **b.** Welche möglichen Krankheiten kann ein Astronaut im All durch die Schwerelosigkeit bekommen? Muskelschwund, Osteoporose, Raumkrankheit
Wie versucht ein Astronaut diese Krankheiten zu besiegen? Ein Astronaut muss täglich mehrere Stunden an speziellen Geräten trainieren. Das erleichtert ihm auch die Rückkehr zur Erde und die damit verbundene Schwerkraft.

8 Eine Überprüfung der Wandzeitungen sollte mit den Fragen gelingen. Diese können als eine Art Checkliste dienen.

Seite 36

1 **b.** *Beispiel für eine Lösung:*
Es geht um die beiden Tiere Pferd und Esel, die in einen Konflikt geraten.

2 Pferd und Esel bekommen vom Kaufmann die gleiche Menge an Last zu tragen.

3 Das Pferd bedauert, dem Esel nicht geholfen zu haben.

4 *Beispiel für eine Lösung:*
Oh nein, was ist denn jetzt passiert? Das war wohl doch zu viel Last für den Esel. Hätte ich ihm doch etwas abnehmen müssen? Vielleicht muss ich jetzt die gesamte Last alleine tragen.

Seite 37

5 der Esel: schwach, erschöpft
das Pferd: stark, hartherzig, stur, egoistisch

6 **a., b.** *Die Ausgangssituation* (Z. 1–4): Worin besteht das Problem?
Kaufmann hat schwere Lasten zu transportieren – er teilt sie auf – je zur Hälfte Esel und Pferd – heißer Tag
Die Handlung (Z. 4–6): Was sagt oder um was bittet der Esel?
„Du bist viel stärker als ich. Nimm mir bitte etwas von meiner Last ab, sonst schaffe ich den Weg nicht mehr weiter."
Die Gegenhandlung (Z. 6–7): Was sagt oder macht das Pferd?
„Das ist nicht mein Problem. Ich trage nicht mehr."
Das Ergebnis (Z. 8–13): Wie endet die Fabel?
Esel bricht zusammen – Kaufmann lädt alles auf das Pferd

7 Zwei Lehren sind passend:
Wenn man rechtzeitig hilft, kann man oft Schaden abwenden.
Ein jeder trage des andern Last.

Seite 38

8, **9** *Die Ausgangssituation:* Das Dach eines Hauses brennt. Der Hahn schaut vom Nachbarhaus aus zu.
Die Handlung: Die Henne löscht das Feuer. Der Hahn bleibt passiv.
Die Gegenhandlung: Das Feuer greift auf das Dach des Hahns über. Das Huhn schaut zu.
Das Ergebnis: Der Hahn muss aus seinem Haus fliehen.

10 *Beispiel für eine Lösung:*
Vom Huhn und Hahn
Huhn und Hahn lebten friedlich Haus an Haus. Eines Tages brach im Haus des Huhns ein Feuer aus. Schnell bemühte sich das Huhn, das Feuer mithilfe von mehreren Eimern Wasser zu löschen. Der Hahn bemerkte, dass etwas nicht stimmte, und schaute aus seinem Fenster hinüber. „Willst du mir nicht helfen, das Feuer zu löschen?", ereiferte sich das Huhn. Der Hahn aber entgegnete: „Du schaffst das schon. Außerdem bin ich hier der Hahn und du das Huhn!" „Na, vielen Dank für deine Hilfe!", antwortete das Huhn spöttisch.
Nachdem das Feuer gelöscht war, bemerkte der Hahn, dass das Feuer nun auf sein eigenes Haus übergriff. Panisch schrie der Hahn dem Huhn zu, das vor dem Haus stand: „Willst du mir nicht helfen, das Feuer zu löschen?" Das Huhn jedoch antwortete: „Jetzt habe ich all meine Kraft für die Rettung meines eigenen Hauses verbraucht und kann dir leider nicht helfen." Dem Hahn, überfordert mit der Situation, blieb nichts anderes übrig, als aus seinem Haus zu fliehen. Zu spät erkannte er, dass einer des anderen Hilfe bedarf.

Seite 39

2 *richtige Reihenfolge:* Ausgangssituation → Handlung → Gegenhandlung → Ergebnis

3 **a.** Ein Fuchs und ein Storch kommen in der Fabel vor.

3 **b.** Der Fuchs lädt den Storch zum Essen ein und serviert ihm die leckersten Speisen.

3 **c.** Der Fuchs verwendet nur ganz flache Schüsseln dafür, sodass der Storch nichts essen und dem Fuchs nur zuschauen kann.

3 **d.** Der Storch lädt den Fuchs daraufhin auch zum Essen ein und setzt ihm die Speisen in Gefäßen mit langen Hälsen vor, sodass der Fuchs dieses Mal nicht darankommt und der Storch alles alleine isst.

3 **e.** Der Fuchs geht hungrig nach Hause und erkennt, dass der Storch ihm seine vorherige Boshaftigkeit zurückgezahlt hat.

4 *Beispiel für Lösungen:*
Fuchs Bild 1: Ich kann meine leckeren Speisen ganz alleine essen. Der Storch bekommt nichts davon.
Storch Bild 1: Was für ein gemeiner Schuft! Der Fuchs ist ein Betrüger!
Fuchs Bild 2: So eine Frechheit, ich komme nicht an das Essen! Der Storch straft mich für meine Boshaftigkeit.
Storch Bild 2: Er bemerkt hoffentlich seine vorherige Gemeinheit. Das ist seine gerechte Strafe.

Seite 40

5 Fuchs: heuchlerisch, lügnerisch, unehrlich, hinterlistig, egoistisch (am Ende: einsichtig)
Storch: erhaben, gerecht, gutgläubig, schlau, freundlich, klug, gelassen

6 Es werden z. B. Scheinheiligkeit, Unehrlichkeit/Unaufrichtigkeit, Hinterlistigkeit, Egoismus und Heuchelei kritisiert.

7 **a.** Was du nicht willst, das man dir tu, das füg' auch keinem andern zu.

7 **b.** *Beispiel für eine Lösung:*
Diese Lehre passt zu der Fabel, weil der Fuchs auch bei niemandem eingeladen werden möchte, bei dem er nichts essen kann und dem anderen beim Essen zuschauen muss. Das merkt er später, als ihm genau das beim Storch widerfährt.

8 Hier können eigene Erlebnisse, z. B. mit Freundinnen und Freunden, aufgegriffen werden.

Seite 41

10 *Beispiel für eine Lösung:*
Zwei Tiere: Zwei Ziegen
Ausgangssituation: Die Ziegen stehen sich auf einer schmalen Brücke gegenüber und kommen nicht aneinander vorbei.
Handlung: Die erste Ziege geht weiter auf die zweite Ziege zu und will zuerst auf die andere Seite des Flusses.
Gegenhandlung: Die andere Ziege geht auch weiter nach vorne, sodass sie Kopf an Kopf stehen und kämpfen.
Ergebnis: Beide Ziegen fallen in den Fluss.
Lehre: Der Klügere gibt nach.

11 *Beispiel für eine Lösung:*
Zwei Ziegen
Zwei Ziegen standen sich auf einer schmalen Brücke gegenüber. Beide wollten auf die andere Seite des Flusses. Die erste Ziege ging weitere auf die zweite zu und meckerte: „Geh mir aus dem Weg!" Auch die zweite Ziege tat einen Schritt nach vorn und entgegnete: „Geh du doch zurück und lass mich zuerst auf die andere Seite. Ich war schließlich auch als Erste auf der Brücke." Beide Ziegen blieben hartnäckig und keine wollte nachgeben, um die andere vorzulassen. Schließlich standen sie so nah beieinander, dass sie Kopf an Kopf, Horn an Horn waren, und begannen, miteinander zu kämpfen. Dabei prallten sie so heftig aneinander, dass beide das Gleichgewicht verloren und von der Brücke in den Fluss stürzten. Nur mit großer Mühe gelang es ihnen, sich an das Ufer zu retten.
Was lernen wir aus der Geschichte?
Der Klügere gibt nach!
(nach Ludwig Grimm)

12 Die Checkliste auf der Seite 35 hilft bei der Überarbeitung des eigenen Textes.

Seite 42

2 *Beispiel für Lösungen:*
Der Rabe schwor, dass ihn niemand mehr *täuscht/betrügt/veräppelt.*

Seite 43

3 **a.** bis **c.** *Beispiel für Lösungen:*
Ausgangssituation (Z. 1–2): Der Rabe sitzt mit seinem Käse auf einem Ast.
Handlung (Z. 3–8): Der Fuchs möchte den Käse haben und schmeichelt dem Raben, damit er beginnt zu singen.
Gegenhandlung (Z. 9–11 oder Z. 9–15): Der Rabe ist stolz, beginnt zu singen und verliert dabei den Käse aus dem Schnabel.
Ergebnis (Z. 12–17 oder Z. 16–17): Der Fuchs schnappt sich den Käse und der Rabe ist beschämt darüber, dass er sich hat reinlegen lassen.

4 **a.** Z. 5–8: Der Fuchs schmeichelt dem Raben und lobt sein Aussehen und seinen Gesang, damit er den Schnabel öffnet.
Z. 13–15: Er sagt dem Raben, dass er auf seine Schmeichelei reingefallen sei und er den Käse durch seine Dummheit verloren habe.

4 **b.** schmeichlerisch, link, hinterlistig, gierig, heuchlerisch, gemein, unehrlich, schlau

4 **c.** Z. 9–11: Der Rabe ist eingebildet und bemerkt die Heuchelei deshalb nicht.
Z. 16–17: Der Rabe schämt sich und nimmt sich vor, nicht mehr so leichtgläubig zu sein.

4 **d.** stolz, eingebildet, dumm, leichtgläubig (am Ende: beschämt)

5 *Beispiel für eine Lösung:*
Der Fuchs verhält sich geschickt und findet einen Weg, dem Raben den Käse zu stehlen, ohne ihn beispielsweise tätlich anzugreifen. Dabei ist er jedoch unehrlich und gemein. Der Rabe zeigt sich naiv, indem er auf den Trick des Fuchses reinfällt. Jedoch ist es auch eine natürliche Reaktion, sich vom Lob eines anderen geschmeichelt zu fühlen.

Seite 44

6 *Beispiel für eine Lösung:*
Wer nicht bescheiden ist / auf Schmeicheleien hört, kann leicht überlistet werden.

7 Hier können eigene Erlebnisse, z. B. mit Freundinnen und Freunden, aufgegriffen werden.

8 bis **10** *Beispiel für eine Lösung:*
Eine Fabel zu einer Lehre schreiben:
Wenn zwei sich streiten, freut sich der Dritte.

Überschrift: Die gierigen Wölfe
Ausgangssituation: Der größere und stärkere Wolf hat ein Stück Fleisch erbeutet und möchte dem kleineren Wolf nichts abgeben.
Handlung: Der starke Wolf will den kleineren Wolf wegscheuchen, doch der möchte auch etwas von der Beute haben. Sie streiten sich um das Stück Fleisch.
Gegenhandlung: Während sie sich um das Fleisch streiten, schleicht sich ein dritter Wolf an, schnappt sich das Stück und verschwindet damit heimlich in seiner Höhle.
Ergebnis: Beide Wölfe bekommen nichts von dem Stück Fleisch.
Lehre: Wenn zwei sich streiten, freut sich der Dritte.

11 Die Checkliste auf der Seite 35 hilft bei der Überarbeitung des eigenen Textes.

Seite 47

1 **b.** *Beispiel für eine Lösung:*
Es geht um ein Zeitungsblatt, das in Bewegung gerät.

2 **a.** Das Reimschema lautet: aab ccd eef ...

2 **b.** In dem Gedicht findet man Paarreime und einzelne Verse ohne Reim.

2 **c., d.** Das Gedicht mit dem Titel „Das große kecke Zeitungsblatt" von Josef Guggenmos hat sechs Strophen mit je drei Versen.
Die Reimform heißt Paarreim.

3 **a.** *Richtige Aussagen:*
Das Zeitungsblatt ist lebendig geworden.
Der Wind hat das Zeitungsblatt vor sich hergetrieben.
Der Sprecher versucht, das Zeitungsblatt einzufangen.

3 **b.** Dem lyrischen Ich begegnet ein Zeitungsblatt, das sich durch die Stadt bewegt. Das Zeitungsblatt bewegt sich erst schnell, dann langsamer und liegt schließlich auf dem Boden. In einer plötzlichen Bewegung schießt dann das Zeitungsblatt in die Luft, als würde es Saltos schlagen, und landet dann wieder. Beim Versuch des lyrischen Ichs, das Zeitungsblatt aufzuheben, entweicht es wieder.

Seite 48

4 **a.** Im gesamten Gedicht werden die Bewegungen des Zeitungsblatts als menschliche Bewegung beschrieben. Beispiele: „Herab die Straße im Galopp / kam es gelaufen, hopp, hopp, hopp ..." (V. 4 f.); „Allmählich wurd es müd." (V. 7)

4 **b.** Personifikation

5 ein Pferd: „Herab die Straße im Galopp / kam es gelaufen, hopp, hopp, hopp ..." (V. 4 f.)
eine alte Frau: „Es kroch, / es schlurfte nur, es schlich nur noch." (V. 7 f.)
ein Akrobat / ein Turmspringer: „Dann aber tat das Zeitungsblatt ganz plötzlich einen Sprung." (V. 11 f.); „Stieg steil empor in kühnem Flug, / wobei es ein paar Saltos schlug, / und landete dann wieder." (V. 13 ff.)
ein Hase: „Da saß es nun und duckte sich. / Jetzt krieg' ich dich! – Doch es entwich / mit tausend Purzelbäumen." (V. 16 ff.)

6 *Beispiel für eine Lösung:*
Die Stimmung in dem Gedicht ist fröhlich und beschwingt. Das lyrische Ich beobachtet ein Zeitungsblatt, das sich durch die Stadt bewegt, und erfreut sich daran.

7 Ich habe es geschafft! Du kriegst mich nicht. Jetzt renn ich die Straße herab, immer schneller, immer schneller. Puh, jetzt kann ich aber nicht mehr und muss eine Pause einlegen. Auf in die Luft. Sieh mal, was ich für Sprünge und Saltos machen kann. Er will mich fangen, nein, du kriegst mich nicht!

Seite 49

2 **a.** abab cdcd efef

2 **b.** Kreuzreim

3 drei Strophen zu je vier Versen

Seite 50

4 Es ist finstere Nacht. → Strophe 2
Das Schiff ist in Gefahr. → Strophe 3
Ein Orkan/Sturmwind tobt. → Strophe 1
Es regnet heftig. → Strophe 2
Die Wellen sind sehr hoch. → Strophe 1
Eine Möwe sucht Schutz. → Strophe 3

5 **a.** Strophe 1

5 **b.** Das linke Bild stellt sachlich das Naturereignis einer Windhose dar. Im rechten Bild wird die Windhose durch eine mächtige Figur dargestellt, die das Ereignis durch Bewegungen einer Peitsche verursacht.

5 **c.** Personifikation

Seite 51

6 **a.** Metapher: „Die weißen Wasserhosen" (V. 2) → Bewegung des Meers wird als Hose dargestellt
Vergleich: „Es ist, als wollt die alte Nacht / Das alte Meer ersäufen" (V. 7 f.) → Stärke des Regens durch Vergleich mit einem Ertränken dargestellt

6 **b.** *Beispiel für eine Lösung:*
Bedrohlich wirkt das Handeln der Möwe (Personifikation), die „mit heiserem Schrillen und Schreien" (V. 10) „[e]in Unglück prophezeien" (V. 12) möchte.

6 **c.** *Beispiel für eine Lösung:*
Der Sturm wird immer stärker. Ich habe Schwierigkeiten, das Schiff zu steuern. Der Wind tobt und peitscht die Wellen so hoch. Ich kann das Schiff kaum noch halten. Und jetzt kommt noch so ein verdammt starker Regen auf. Was mach ich jetzt nur? Das Schreien der Möwe macht mir zusätzlich Angst. Ob wir das hier überleben?

7 *Beispiel für eine Lösung:*
In dem Gedicht „Der Wind zieht seine Hosen an" von Heinrich Heine wird beschrieben, wie ein Schiff in einen Sturm gerät.
Das Gedicht besteht aus drei Strophen zu je vier Versen. Die vorliegende Reimform ist der Kreuzreim.
In der ersten Strophe wird der mächtige Sturm, personifiziert durch einen Mann, beschrieben, der das Meer so peitscht, dass enorme Wellen entstehen. In der zweiten Strophe kommt dann noch ein heftiger Regen hinzu. In der letzten Strophe wird das verängstigte Verhalten der Möwe beschrieben, die sich an den Mast klammert und deren Schreien so klingt, als würde sie ein Unglück voraussehen.
Heinrich Heine arbeitet mit sprachlichen Mitteln. So wird in Strophe 1 der Sturm durch die Darstellung eines Mannes personifiziert, der durch sein Peitschen die enormen Wellen verursacht. In der zweiten Strophe verdeutlicht der Vergleich „als wollt die alte Nacht / Das alte Meer ersäufen" (V. 7 f.) die enormen Regenmengen. In der letzten Strophe wird auch das Verhalten der Möwe personifiziert, die mit heiserer und schriller Stimme ein Unglück voraussagt.
Die Situation des Schiffes im Sturm wird in dem gesamten Gedicht als bedrohlich dargestellt, was durch die Verwendung der sprachlichen Bilder gestützt wird. Die Situation wird so dargestellt, als könnte das Schiff gleich untergehen.

Seite 52

1 **a.** *Beispiel für eine Lösung:*
Unter dem Titel „Frühlingssonne" kann man sich die Beschreibung der Natur im Frühling unter dem Einfluss der Sonne vorstellen.

2 Das Gedicht besteht aus fünf Strophen, die unterschiedlich lang sind. Die erste und die letzte Strophe haben je vier Verse, die mittleren drei Strophen je drei Verse. Es gibt keine Reime im Gedicht.

Seite 53

3 Der Schnee schmilzt unter der Sonne. Die Zwiebelblumen beginnen zu sprießen und schließlich zu blühen.

4 Die Dichterin vergleicht die Sonne mit einer Katze und deren Bewegungen. So wird das Auftauchen der Sonne über den Dächern als Bewegung der Katze dargestellt. Die Wärme, die durch die Berührung der Pfoten auf der Erde verursacht wird, lässt die Blumen wachsen.

5

Eine Katze …	Die Sonne …
ist unhörbar.	kann man ebenfalls nicht hören.
läuft über Dächer.	scheint über den Rand des Dachs.
läuft durch Wiesen und Wald.	breitet sich auch über das ganze Land aus.
schleckt die Milch weg.	lässt den Schnee schmilzen.
berührt den Boden mit ihren warmen Pfoten.	erzeugt durch ihre Strahlen Wärme auf dem Boden.

Die Bewegungen der Katze ähneln den Bewegungen der Sonne.

6 **a.** Neben der Personifikation der Sonne als Katze findet man eine weitere Personifikation: Auch die Zwiebeln der Pflanzen werden personifiziert. Sie sind „neugierig" (V. 13).
In Strophe 3 findet man einen Vergleich: Das Schmelzen des Schnees wird mit dem Verschwinden der Milch in der Schüssel durch das Schlecken der Katze beschrieben.

Seite 54

6 **b.** Die Dichterin verdeutlicht die Lebendigkeit der Natur im Frühling durch den Vergleich der Sonne mit einem Lebewesen, der Katze.

7 *Beispiel für eine Lösung:*
Das Gedicht wirkt lebendig, weil sich die Natur im Frühling verändert und diese Veränderungen durch den Vergleich der Sonne mit der Katze veranschaulicht werden.

8 Typisch für Gedichte ist die besondere Form in einzelnen Versen. Viele Gedichte haben darüber hinaus Absätze, die Strophen. Auch wenn die meisten Gedichte ein Reimschema haben, muss ein Gedicht nicht unbedingt Reime aufweisen, damit es als Gedicht bezeichnet werden kann.

9 *Beispiel für eine Lösung:*
In dem Gedicht „Die Frühlingssonne" von Christine Busta wird beschrieben, wie sich die Natur im Frühling unter dem Einfluss der Sonne verändert.
Das Gedicht besteht aus fünf Strophen, die unterschiedlich lang sind. Die erste und die letzte Strophe haben je vier Verse, die mittleren drei Strophen je drei Verse. Es gibt keine Reime im Gedicht.
In der ersten Strophe wird das Verhalten der Sonne mit dem einer Katze verglichen. So wie die Katze lautlos über die Dächer schleicht, erscheint die Sonne über den Dächern. In den beiden folgenden Strophen geht es um den schmilzenden Schnee. Auch hier wird das Verschwinden des Schnees mit dem Verschwinden von Milch in einer Schüssel durch das Aufschlecken einer Katze verglichen. In der vierten Strophe wird beschrieben, wie die Zwiebelpflanzen durch die Wärme der Sonne, verglichen mit der Wärme unter den Katzenpfoten, anfangen zu sprießen und am Ende (in Strophe 5) in verschiedenen Farben aufblühen.
Die Dichterin verdeutlicht die Lebendigkeit der Natur im Frühling durch den Vergleich der Sonne mit einem Lebewesen, der Katze. Die Sonne wird personifiziert und verhält sich wie eine Katze. Dadurch wirkt das Gedicht besonders lebendig, weil sich die Natur im Frühling verändert und diese Veränderungen durch den Vergleich der Sonne mit der Katze veranschaulicht werden.

Seite 56

1 **a., b.** *Beispiel für eine Lösung:*
In dem Buch geht es um ein Computerspiel, das Wirklichkeit wird. Alle Erwachsenen verschwinden. Die Hauptfigur Ben, der ein Computerfreak zu sein scheint, und seine Freunde erkennen den Ernst der Lage und versuchen, das Problem zu lösen.

Seite 57

3 **a., b.** Ben spielt mit seinem neuen Computerspiel und ist davon gefesselt. Das wird durch die kursiven Textstellen deutlich, die seine Gedanken und Gefühle während des Spiels zeigen. Im Spiel muss er Hindernisse überwinden. Wenn Ben diese nicht meistert, beginnt das Spiel noch mal von vorne. Deshalb konzentriert er sich vor allem darauf, die Hindernisse im Spiel zu erkennen und zu überwinden.

Seite 58

4 **a., b.** *Zuordnung:*
Ben will einfach nur ungestört „Stadt der Kinder" spielen. – Es gibt viele kleine, heimtückische Hindernisse.
Ben will die vierte Spielebene erreichen. – Er wird durch das Klingeln an der Tür beim Spielen gestört.
Ben will den Schlüssel zum nächsten Bild finden. – Im Boden lauert eine Falltür.

4 **c.** Ben empfängt Jennifer nur sehr oberflächlich und rennt sofort wieder zurück zu seinem Computerspiel. Er ist ärgerlich, dass er mitten im Spiel gestört wird und bekommt nur ein kurzes „Hallo" als Begrüßung heraus. Jennifer ist von diesem kühlen Empfang überrascht. Das zeigt sich darin, dass sie mit offenem Mund vor der Haustür stehen bleibt (Zeile 36 f.).

5 **a., b.** *Beispiel für Lösungen:*
konzentriert: „Zuerst einmal die Straße hoch und in den letzten Laden hineingehen. Also Joystick nach vorn. Achtung vor den Autos. Die werden nämlich von Kindern gefahren, die keinen Führerschein haben." (Zeile 1 ff.)
entschlossen: „Entschlossen packte Ben den Joystick." (Zeile 23)
zögernd: „Zögernd schob Ben sich von seinem Sitz." (Zeile 28)
ärgerlich: „‚Ja doch!', rief Ben ärgerlich." (Zeile 34)
unhöflich: „hechelte ein kurzes „Hallo" hinaus auf die Straße und stürzte schnurstracks wieder zurück in sein Zimmer." (Zeile 35 f.)

5 **c.** *Beispiel für eine Lösung:*
Ben freut sich, dass er das Computerspiel, das er bisher nur im Kaufhaus spielen konnte, nun endlich selbst besitzt und zuhause spielen kann. Völlig konzentriert versucht er, sich durch die verschiedenen Level zu spielen. Dabei ist er völlig gefangen in dem Spiel und ärgert sich, als er durch das Klingeln seiner Freundin Jennifer an der Tür gestört wird. Dementsprechend unhöflich und oberflächlich fällt der Empfang aus. Sofort setzt sich Ben wieder an sein Spiel.

6 *fantastische Wesen:* Erwachsener hinter dem Tresen ist ein heimtückischer Zauberer.
Gegenstände werden anders genutzt als in der Wirklichkeit: Blumentöpfe werden zu Hindernissen für Autos und zerspringen in „tausend kleine Lichtpunkte".(Zeile 5)
Hauptfigur besteht Abenteuer: Ben wird durch das Computerspiel in ein Abenteuer gelockt.

7 **a.** bis **c.** *Beispiel für eine Lösung:*
Das Spiel und die Wirklichkeit vermischen sich. Die Erwachsenen verschwinden aus der Stadt. Es bricht ein Chaos aus und Ben und seine Freunde versuchen, das Leben neu zu organisieren. Ben muss alle Level des Spiels schaffen, um die Ordnung wieder herzustellen und das alte Leben zurückzugewinnen.

Seite 59

1 a., b. *Beispiel für eine Lösung:*
Gran findet in der neuen Stadt Carousel eine geheimnisvolle Welt vor. Häuser versinken, da sich im Boden Risse auftun. Gran entdeckt ein unterirdisches Tunnelsystem und findet heraus, was es damit auf sich hat.

3 *Beispiel für Lösungen:*
der schlecht beleuchtete Abschnitt eines Labyrinths (Zeile 1); ein Loch so groß wie ein Küchentisch, aus dem kühle Luft aufsteigt (Zeile 6 ff.); Loch ist ein senkrechter Tunnel (Zeile 13 f.)

4 *Beispiel für Lösungen:*
aus dem Loch steigt kühle Luft auf (Zeile 7); merkwürdiges Geräusch aus dem Loch wie ein Heulen und Rumpeln (Zeile 19 ff.); Geräusch wie ein Erdbeben, das näher kommt (Zeile 25)

5 *Beispiel für eine Lösung:*
Aus dem Tunnel könnte eine fantastische Erscheinung kommen; etwas, das die Stadt bedroht.

6 Die Hauptfiguren sind Gran, der neu in die Stadt Carousel gezogen ist, und die in der Einführung als „geheimnisvoll" bezeichnete Catalina. Grans Wunsch ist es, das Geheimnis der unterirdischen Tunnel aufzuspüren. Die Stadt ist vom Versinken bedroht. Grund sind die sogenannten „Hollows", unterirdische Höhlen.

7 a. Die „Hollows", unterirdische Höhlen, werden so beschrieben, als seien sie lebendig. Im ersten Textauszug begegnet Gran einem „Hollow", das ihn bedroht. Im zweiten Textauszug beschreibt ihm Catalina die „Hollows", die sie mit Haien vergleicht. Wie Haie durch Blut angezogen werden, werden die „Hollows" durch die Traurigkeit angezogen, die sich in der Stadt bei den Menschen befindet.

7 b. *Beispiel für eine Lösung:*
Besonders beeindruckend ist, dass die „Hollows" von einem Gefühl, die Traurigkeit der Menschen in einer Stadt, angezogen werden. Das könnte bedeuten, dass eine Lösung im Kampf gegen die „Hollows" wäre, die Traurigkeit zu bekämpfen.

8 Hauptfigur besteht Abenteuer und bekämpft das Böse: Grans Kampf gegen die „Hollows", Wesen, die es in Wirklichkeit nicht gibt: die „Hollows"; werden als lebendig beschrieben; erfundene Wörter und Namen: „Hollows"

Seite 63

1 *Beispiel für Lösungen:*
Spielfiguren verwandeln sich in kleine Doppelgänger der Spieler; Spielbrett verwandelt sich in ein Lampion; Text auf der Tafel ändert sich; Spieler verschwinden in dem Spiel

2, **3** Während Farah, Essie und Alex von dem Spiel zwar fasziniert sind, begegnen sie ihm aber auch mit großer Vorsicht. Die merkwürdigen Ereignisse verunsichern sie. Ahmad jedoch, der sich im Schrank versteckt, scheint keinerlei Angst zu haben. Er schnappt sich eine Figur und schreit „Ich bin bereit!", wodurch er in dem Spiel verschwindet.

Seite 64

4 Farah soll auf ihren Bruder aufpassen, möchte mit ihren Freunden aber das neue Spiel spielen. (Situation und Wunsch) Die merkwürdigen Ereignisse, als sie und ihre Freunde das Spiel auspacken, faszinieren und erschrecken sie gleichermaßen. Ahmed versteckt sich im Schrank und greift ohne Angst in das Spiel ein. Daraufhin verschwindet er im Spiel. (Hindernis)

5 a. *Beispiel für eine Lösung:*
Ahmed bleibt in der fantastischen Welt des Spiels verschwunden und kehrt nicht zurück.

5 b. *Beispiel für eine Lösung:*
Farah möchte ihren Bruder wieder aus dem Spiel befreien. Sie schnappt sich eine Figur und sagt ebenfalls „Ich bin bereit!", um in das Spiel und damit zu ihrem Bruder zu gelangen. Ihre Freunde folgen ihr.

6 Gegenstände werden zu anderen Zwecken benutzt als in der Wirklichkeit: Ein Brettspiel wird lebendig und lässt die Spieler in einer geheimnisvollen Welt verschwinden.
Die Hauptfiguren Farah, ihr Bruder Ahmad und ihre Freunde bestehen ein Abenteuer.

Seite 65

1 a. Talina fährt in die Stadt. Der Bus hält an und Talina steigt aus. Es gibt viel zu sehen: Sie sieht die Vögel durch die Luft fliegen. Ein Mann hat einen Hund an der Leine. Die Autos fahren durch die Straßen. Die Ampel ist rot. Talina muss warten. Sie ist mit ihren Gedanken bei dem Geburtstag ihrer Mutter. Sie will ihr ein schönes Geschenk kaufen. Da wird die Freude bei ihrer Mutter hoffentlich groß sein.

1 b. die Stadt – die Städte; der Bus – die Busse; der Vogel – die Vögel; die Luft – die Lüfte; der Mann – die Männer; der Hund – die Hunde; die Leine – die Leinen; das Auto – die Autos; die Straße – die Straßen; die Ampel – die Ampeln; der Gedanke – die Gedanken; der Geburtstag – die Geburtstage; die Mutter – die Mütter; das Geschenk – die Geschenke; die Freude – die Freuden

2 Talina geht in das *große* Geschäft.
Sie sucht die Abteilung mit den *bunten* Kerzen.
Sie nimmt die *blaue* Kerze und geht an die *nächste* Kasse.
Sie bezahlt und geht mit *eiligen* Schritten zurück zur Bushaltestelle.

Seite 66

1 mutig, friedlich, geizig, langweilig, herzlich, freundlich, hungrig, königlich, ruhig, absichtlich

2 *Beispiel für Lösungen:*
Das Training war heute langweilig.
Der freundliche Hausmeister repariert den Zaun.
Mutig geht er voran.
Sie hat die Vase nicht absichtlich fallen gelassen.

3 **a., b.**
Mein Hobby ist Reiten. ~~Reiten~~ macht Spaß. → Mein Hobby ist Reiten. Es macht Spaß.
Meine Freundin geht in den Chor. ~~Meine Freundin~~ singt gerne. → Meine Freundin geht in den Chor. Sie singt gerne.
Unsere Freunde spielen Fußball. ~~Unsere Freunde~~ schießen viele Tore. → Unsere Freunde spielen Fußball. Sie schießen viele Tore.
Meine Freundin und ich gehen gerne zusammen spazieren. ~~Meine Freundin und ich~~ shoppen gerne. → Meine Freundin und ich gehen gerne zusammen spazieren. Wir shoppen gerne.

Seite 67

1 Die Halle ist heute gut besucht. Ömer und Ben sehen das Trampolin, auf dem sie am liebsten springen, schon von weitem. Sie ziehen sich schnell die Sprungsocken an und laufen auf den Trainer zu. Er erwartet sie bereits, um ihnen heute den Salto zu zeigen. Die Hilfe des Trainers bietet den Kindern die nötige Sicherheit bei den Sprüngen. Nach den Übungen macht es dem Trainer nichts aus, dass das Trampolin ausnahmsweise von den Jungen gleichzeitig benutzt wird. Glücklich verlassen Ömer und Ben an dem Abend die Halle.

2 Singular:

Kasus	Genus		
	Maskulinum	Femininum	Neutrum
Nominativ	der Trainer	die Halle	das Trampolin
Genitiv	des Trainers	der Halle	des Trampolins
Dativ	dem Trainer	der Halle	dem Trampolin
Akkusativ	den Trainer	die Halle	das Trampolin

Plural:

Kasus	Genus		
	Maskulinum	Femininum	Neutrum
Nominativ	die Trainer	die Hallen	die Trampoline
Genitiv	der Trainer	der Hallen	der Trampoline
Dativ	den Trainern	den Hallen	den Trampolinen
Akkusativ	die Trainer	die Hallen	die Trampoline

4 die Halle – Singular, Femininum, Nominativ
das Trampolin – Singular, Neutrum, Akkusativ
die Sprungsocken – Plural, Femininum, Akkusativ
den Trainer – Singular, Maskulinum, Akkusativ
den Salto – Singular, Maskulinum, Akkusativ
die Hilfe – Singular, Femininum, Nominativ
des Trainers – Singular, Maskulinum, Genitiv
den Kindern – Plural, Neutrum, Dativ
die Sicherheit – Singular, Femininum, Akkusativ
den Sprüngen – Plural, Maskulinum, Dativ
den Übungen – Plural, Femininum, Dativ
dem Trainer – Singular, Maskulinum, Dativ
das Trampolin – Singular, Neutrum, Nominativ
den Jungen – Plural, Neutrum, Dativ
dem Abend – Singular, Maskulinum, Dativ
die Halle – Singular, Femininum, Akkusativ

5 **a.** *Beispiel für Lösungen:*
Die Kinder sind von den Sprüngen des Trainers begeistert.
Die Besucher der Halle haben einen schönen Nachmittag.
Das Sprungtuch des Trampolins ist nagelneu.

5 **b.** *Beispiel für Lösungen:*
Die Schauspieler des Films haben mir gut gefallen.
Wegen der Kälte friere ich.
Die Tiere des Zoos sind ganz besondere Tiere.

Seite 68

1 Personalpronomen sind markiert, Possessivpronomen umrandet.
Ben und Ömer treffen sich am nächsten Tag mit Julia und Elif und erzählen ihnen von der Trampolinhalle. „Wir hatten richtig viel Spaß gestern", meint Ömer und berichtet von seinem Versuch, einen Salto zu springen. „Mein Salto hat noch nicht geklappt. Aber dein Sprung war dafür super, Ömer!", sagt Ben. „Der Trainer hat sogar erlaubt, dass wir am Ende zusammen springen dürfen. Er war richtig nett gestern", schwärmt Ömer. Julia und Elif werden ein wenig neugierig. Sie schauen sich an und Julia fragt: „Können wir beim nächsten Mal vielleicht mitkommen?" „Natürlich!", strahlt Ben. „Unser Trainer freut sich immer, wenn wir unsere Freunde mitbringen."

2 Die Mädchen unterhalten sich über Ömers Erzählungen. „Was muss man denn in eine Trampolinhalle mitbringen?", fragt *Julia*. *Sie* war noch nie dort und muss sich deshalb zuvor erkundigen. „Sprungsocken sind sehr wichtig, denn ohne sie hast du keinen sicheren Stand auf dem Sprungtuch und könntest ausrutschen", antwortet *Elif*.

4 „Ich bin schon gespannt auf *unseren* ersten Besuch in der Halle. Was der Trainer wohl zu *meiner* Kondition sagt?", überlegt Elifi. „*Deine* Kondition ist super!", meint Julia, „Du kannst doch auch richtig lange schwimmen."

Seite 69

1 a. Ömer: Was machst du heute?
Ben: Ich fahre mit meiner Familie in den Wasserpark.
Ömer: Schreib mir, wie es dort ist.
Ben: Hallo Ömer, ich schwimme in riesigen Wellen oder treibe mit einer Nudel durch das Wasser. Meine Eltern entspannen unter Palmen oder sitzen im warmen Sprudelbecken. Hier ist alles möglich: planschen, tauchen und springen von verschiedenen Sprungtürmen. Später gehe ich noch mal zu den Rutschen.

1 b. machst, fahre, schreib, schwimme, treibe, entspannen, sitzen, planschen, tauchen, springen, gehe

2 Ben: Ja, ich rutsche gleich. Hoffentlich wartet man nicht so lange. Die Wellenrutsche hat vier Bahnen. Vier Personen rutschen gleichzeitig. In einer Rutsche benutzt man Reifen. In der dunklen Röhre siehst du spezielle Lichteffekte. Du verlierst dabei die Orientierung.

Seite 70

1 a., b.

	hüpfen	lachen	lernen
ich	hüpfte	lachte	lernte
du	hüpftest	lachtest	lerntest
er/sie/es	hüpfte	lachte	lernte
wir	hüpften	lachten	lernten
ihr	hüpftet	lachtet	lerntet
sie	hüpften	lachten	lernten

2 a., b.
ich schlafe – ich schlief – ich habe geschlafen
ich trinke – ich trank – ich habe getrunken
ich esse – ich aß – ich habe gegessen
ich trage – ich trug – ich habe getragen
ich fliege – ich flog – ich bin geflogen
ich springe – ich sprang – ich bin gesprungen
ich fahre – ich fuhr – ich bin gefahren
ich schreibe – ich schrieb – ich habe geschrieben

Seite 71

1 a. Bella bekommt um 9 Uhr und um 17 Uhr Essen. Das Futter steht in der Küche neben dem Schrank. Du füllst das Wasser immer wieder auf, damit Bella zwischendurch genügend trinkt. Die Hundeleine liegt auf der Kommode im Flur, Bella freut sich über lange Spaziergänge. Außerdem liebt sie das Spiel mit dem Ball im Garten. Sie läuft dabei dem Ball nach und bringt ihn anschließend wieder zurück. Abends schläft sie ganz ruhig in ihrem Körbchen.

1 b. Bella bekam um 9 Uhr und um 17 Uhr Essen. Das Futter stand in der Küche neben dem Schrank. Ich füllte das Wasser immer wieder auf, damit Bella zwischendurch genügend trank. Die Hundeleine lag auf der Kommode im Flur, Bella freute sich über lange Spaziergänge. Außerdem liebte sie das Spiel mit dem Ball im Garten. Sie lief dabei dem Ball nach und brachte ihn anschließend wieder zurück. Abends schlief sie ganz ruhig in ihrem Körbchen.

Seite 72

2 a. „Es hat richtig Spaß gemacht, mich um den Hund zu kümmern. Wir haben viel gespielt und im Garten getobt. Bella ist ganz lieb gewesen. Bei den Spaziergängen hat sie erst ein bisschen an der Leine gezogen, aber später ist sie artig neben mir hergelaufen."

2 b. Wenn ich das Futter in die Küche gebracht habe, ist sie sofort ganz aufgeregt gekommen. Dann hat sie es gierig gefressen und hat sich danach erst einmal in ihrem Körbchen verkrochen.

3 a., b.
Wir werden am Samstag eine Bootstour machen.
Nico wird mit seinen Eltern den Zoo besuchen.
Lea und Tim werden gegeneinander Tennis spielen.
Sara wird Freitag einen Kuchen backen.

4 Naomi will zum Schwimmen gehen. →
Naomi muss zum Schwimmen gehen.
Tarik möchte bei Paul übernachten. →
Tarik darf bei Paul übernachten.
Lisa soll ihrem Bruder helfen. →
Lisa möchte ihrem Bruder helfen.
Die Tiere dürfen gefüttert werden. →
Die Tiere sollen gefüttert werden.
Kolya kann heute seine Oma besuchen. →
Kolya möchte heute seine Oma besuchen.

5 a., b. *Beispiel für Lösungen:*
Ich muss mein Zimmer aufräumen. (Befehl)
Du willst eine Fahrradtour machen. (Wunsch)
Sie möchte ihre Tante anrufen. (Wunsch)
Wir können ins Kino gehen. (Möglichkeit)
Ihr sollt das Essen zubereiten. (Befehl)
Sie dürfen die Tiere streicheln. (Erlaubnis)

Seite 73

1 a. Lea hängt die Holzzange und die Rohrzange an die Haken.
Sven räumt die Holzschrauben und die Metallschrauben in die Holzkiste.
Der Steinbohrer und der Holzbohrer kommen in eine Werkzeugkiste.

1 b. das Holz + die Zange → die Holzzange
das Rohr + die Zange → die Rohrzange
das Holz + die Schrauben → die Holzschrauben
das Metall + die Schrauben → die Metallschrauben
das Holz + die Kiste → die Holzkiste
der Stein + der Bohrer → der Steinbohrer
das Holz + der Bohrer → der Holzbohrer
das Werkzeug + die Kiste → die Werkzeugkiste

1 c. Eine Holzzange ist eine Zange aus Holz.
Eine Rohrzange ist eine Zange für Rohre.
Eine Holzschraube ist eine Schraube für Holz.
Eine Metallschraube ist eine Schraube für Metall.
Eine Holzkiste ist eine Kiste aus Holz.
Ein Steinbohrer ist ein Bohrer für Stein.
Ein Holzbohrer ist ein Bohrer für Holz.
Eine Werkzeugkiste ist eine Kiste für Werkzeug.

2 das Wasserrad, der Wasserball, die Wasserbahn, die Wasserrutsche, die Wasserflasche
der Rasenmäher, die Rasenschere, der Rasendünger, der Rasenplatz, der Rasensprenger

3 Ein Wasserball ist ein Ball, mit dem man im Wasser spielen kann.
Eine Wasserrutsche ist eine Rutsche, die ins Wasser führt.
Eine Rasenschere ist eine Schere, die man zum Schneiden von Rasen benötigt.
Ein Rasendünger ist ein Dünger, den man zum Düngen des Rasens einsetzt.

Seite 74

1 a. auskommen, hochkommen, loskommen, mitkommen; abholen, ausholen; hochklettern; abgehen, ausgehen, losgehen, hochgehen; ausprobieren

2 Yusuf ruft Lea an: „Ich habe eine neue Kletterausrüstung gekauft. Heute möchte ich dich abholen und mit dir die Ausrüstung ausprobieren. Vielleicht können wir die Kletterwand ganz hochklettern. Möchtest du gerne mitkommen? Dann kann es gleich losgehen."

3 *Beispiel für Lösungen:*
Ich möchte heute Abend ausgehen. Die Treppe kann ich hochgehen.
Die Milch ist ausgelaufen. Der Hund möchte loslaufen.
Ich kann gut mit Kindern auskommen. Willst du mitkommen?

4 a. Sie haben sich zum Klettern verabredet. Zuerst holen sie ihre Kletterausrüstung. Dann wollen sie die erste Kletterwand hochklettern. Lea sagt: „Lass mich vorklettern!" Sven hält das Kletterseil fest. Als Lea oben ist, will Yusuf nachklettern.

Seite 75

1 die Geisterbahn: die Geister (der Geist) + die Bahn
das Bauchgefühl: der Bauch + das Gefühl
das Kettenkarussell: die Kette + das Karussell
die Wurfbude: der Wurf + die Bude
das Taschengeld: die Tasche + das Geld
die Bonbontüte: das Bonbon + die Tüte

2 a. „So viele Fahrgeschäfte!", staunt Anna, als sie die Kirmes sehen. „Ich freue mich riesig!" „Wirst du mit mir in die Geisterbahn gehen?", fragt Naomi vorsichtig. „Natürlich!", antwortet Anna mutig. Aus Pauls Sicht ist die Fahrt mit dem Kettenkarussell das Allerschönste. Die anderen würden ihm eine große Freude bereiten, wenn sie mit ihm zusammen hineingehen.

2 b., c.

-fahr-	-sicht-	-geh-	-freu-
die Fahrgeschäfte die Fahrt fahren die Abfahrt gefährlich fahrend	vorsichtig die Sicht gesichtet die Aussicht weitsichtig sichtbar	gehen hineingehen der Gehweg gehend begehbar weggehen	freue die Freude freudig erfreulich die Vorfreude der Freudentanz

Seite 76

1 „Besucht das bitterkalte Nass! Ein riesengroßer Spaß ist dabei garantiert. Erlebt gemeinsam das hochspannende Wasserabenteuer. Die langsame Fahrt nach oben steigert den Nervenkitzel. Die anschließende ultraschnelle Abfahrt ins Wasserbecken entlockt euch einen superlauten Schrei. Ihr werdet begeistert sein und euch quicklebendig fühlen!"

bitterkalte, riesengroßer, hochspannende, ultraschnelle, superlauten, quicklebendig

2 a. Die gruselige Geisterbahn lädt alle mutigen Besucher ein mitzufahren. Nur wer starke Nerven hat, sollte sich trauen. Blasse Gestalten treiben ihr Unwesen in dunklen Räumen und werden den Besuchern große Schreckmomente verschaffen.

2 b., c.
gruselige – supergruselige
mutigen – todesmutigen
starke – bärenstarke
blasse – leichenblasse
dunklen – stockdunklen
große – riesengroße

2 d. Die supergruselige Geisterbahn lädt alle todesmutigen Besucher ein mitzufahren. Nur wer bärenstarke Nerven hat, sollte sich trauen. Leichenblasse Gestalten treiben ihr Unwesen in stockdunklen Räumen und werden den Besuchern riesengroße Schreckmomente verschaffen.

3 a. *Beispiel für Lösungen:*
blitzschnell, hochspannend, Eishockeyprofi, Torschützenkönig

3 b. *Beispiel für Lösungen:*
trickreichsten, klügsten

3 c. *Beispiel für Lösungen:*
Den Eishockeyprofis meiner Lieblingsmannschaft muss man unbedingt einmal bei einem ihrer hochspannenden Spiele zugeschaut haben. Blitzschnell schießen die Eishockeyprofis den Puck über das Eis. Die trickreichsten und klügsten Spielzüge führen zum Sieg. Mein Lieblingsspieler ist bislang der ungeschlagene Torschützenkönig der Mannschaft.

4 *Beispiel für Lösungen:*
lesen → vorlesen: vor anderen einen Text laut lesen
→ ablesen: geschriebene Informationen aufnehmen
→ mitlesen: dem vorgelesenen Text im Buch folgen
teilen → austeilen: jedem Schüler in der Klasse ein Arbeitsblatt geben
→ mitteilen: jemandem eine Nachricht überbringen / etwas sagen
→ abteilen: einen Teil von dem Ganzen trennen

Seite 77

1 a. *Beispiel für Lösungen:*
Tom und Lilli fahren Einrad.
Paul springt Trampolin.
Maja und Gina balancieren über ein Seil.
Ella und Sami jonglieren mit Keulen.
Lukas als Clown spritzt die Zuschauer nass.
David liegt auf einem Nagelbrett.
Leonie, Sven und Anne bauen eine Pyramide.
Julius holt ein Kaninchen aus dem Hut.
Herr Meier ist der Zirkusdirektor.
Frau Neumann steht hinten am Manegeneingang.

1 b., c. *Beispiel für Lösungen:*

Vorfeld	linkes Verbfeld	Mittelfeld	rechtes Verbfeld
Tom und Lilli	fahren	Einrad.	
Paul	springt	Trampolin.	
Maja und Gina	balancieren	über ein Seil.	
Ella und Sami	jonglieren	mit Keulen.	
Lukas als Clown	spritzt	die Zuschauer	nass.
David	liegt	auf einem Nagelbrett.	
Leonie, Sven und Anne	bauen	eine Pyramide.	
Julius	holt	ein Kaninchen aus dem Hut.	
Herr Meier	ist	der Zirkusdirektor.	
Frau Neumann	steht	hinten am Manegeneingang.	

2 *Beispiel für Lösungen:*
Der Zirkusdirektor ist Herr Meier. Am Manegeneingang steht Frau Neumann. Auf einem Nagelbrett liegt David. Aus dem Hut holt Julius ein Kaninchen. Über ein Seil balancieren Maja und Gina.

Seite 78

3 a., b.
Wer springt Trampolin? Trampolin springt Paul.
Wer balanciert über das Seil? Über das Seil balancieren Maja und Gina.
Wer fährt mit dem Einrad? Mit dem Einrad fahren Tom und Lilli.

3 c. *Beispiel für eine Lösung:*
Begeistert klatschen die Zuschauer.

4 a., b.
Wem gehört die Spritzpistole? Die Spritzpistole gehört dem Clown.
Wem gehören die Keulen? Die Keulen gehören Ella und Sami.
Wem gehört der Zylinder? Der Zylinder gehört Herrn Meier.

4 c. *Beispiel für eine Lösung:*
Wem gehören die Einräder? Die Einräder gehören Tom und Lilli.

5 Die Akrobaten tragen schwarze Leggings und weiße T-Shirts.
Der Clown bekommt einen karierten Mantel.
Der Zirkusdirektor benötigt einen schwarzen Zylinder.
Frau Neumann trägt eine rote Jacke.

Seite 79

1 a., b.
Wann findet die Aufführung statt?
Die Aufführung findet am Freitagabend statt.
Wann beginnt die Aufführung? Die Aufführung beginnt um 18 Uhr.
Wie lange dauert das Programm?
Das Programm dauert eine Stunde.

2 a., b.
Wo sitzen Lillis Eltern? Lillis Eltern sitzen auf der Tribüne.
Wohin läuft Frau Neumann? Frau Neumann läuft zur Musiktechnik.

Seite 80

1 a. *Beispiel für eine Lösung:*
ihre Lieblingsbücher – Naomi – auf jeden Fall – behalten wollen
brauchen – einen größeren Schreibtisch – in der neuen Wohnung – sie – weil sie gewachsen ist
ihrer kleinen Schwester – die Kuscheltiere – schenken können – Naomi
damit sie ihre Kleidung einpacken kann – haben gegeben – Naomis Eltern – mehrere Kartons – ihr

1 b., c. *Beispiel für Lösungen:*
Ihre Lieblingsbücher | will | Naomi | auf jeden Fall | behalten.
In der neuen Wohnung | braucht | sie | einen größeren Schreibtisch, | weil sie gewachsen ist.
Die Kuscheltiere | kann | Naomi | ihrer kleinen Schwester | schenken.
Naomis Eltern | haben | ihr | mehrere Kartons | gegeben, | damit sie ihre Kleidung einpacken kann.

2 a., b. *Beispiel für Lösungen:*

Vorfeld	linkes Verbfeld	Mittelfeld	rechtes Verbfeld	Nachfeld
Ich	nehme	meine Fotos	mit,	weil sie schöne Erinnerungen sind.
Mein Freund	packt	seinen Fußball	ein.	
Auf ihren Zeichenblock und ihre Stifte	kann	meine Freundin nicht	verzichten.	

2 c. *Beispiel für Lösungen:*

Vorfeld	linkes Verbfeld	Mittelfeld	rechtes Verbfeld	Nachfeld
Weil sie schöne Erinnerungen sind,	nehme	ich meine Fotos	mit.	
Seinen Fußball	packt	mein Freund	ein.	
Meine Freundin	kann	nicht auf ihren Zeichenblock und ihre Stifte	verzichten.	

Seite 81

1 *die Uhr:* Wen oder was? Akkusativ-Objekt
läuft: Was tut? Prädikat
ihrer Mutter: Wem? Dativ-Objekt
die Mutter: Wer oder was? Subjekt
auf ihren Fuß: Worauf? Präpositional-Objekt

2 a., b. *Beispiel für Lösungen:*
Markierungen: Subjekte, Prädikate, Akkusativ-Objekte, Dativ-Objekte und Präpositional-Objekte

Der Vater freut sich auf den Umzug.
Endlich wohnt die Familie in einer größeren Wohnung.
Naomi kann ihr eigenes Zimmer kaum erwarten.
Die aussortierten Kuscheltiere gehören nun ihrer Schwester.

Seite 82

In der neuen Wohnung herrscht zunächst ein großes Chaos. Alle Kartons und Möbel müssen schnell aus dem Transporter geladen werden. Die Umzugshelfer bringen zwischen 9 Uhr und 11 Uhr alle Möbel nach oben. Wegen der vielen großen Kartons bleibt zum Aufbau der Möbel nur wenig Platz.

Wo? in der neuen Wohnung
Wann? zunächst
Wie? schnell
Wann? zwischen 9 Uhr und 11 Uhr
Wohin? nach oben
Warum? wegen der vielen großen Kartons

2 a., b. *Beispiel für Lösungen:*
Der neue Schreibtisch steht schon in Naomis Zimmer (adverbiale Bestimmung des Ortes).
Freudig (adverbiale Bestimmung der Art und Weise) packt sie ihre Umzugskartons aus.
Alle Umzugshelfer sind wegen der anstrengenden Arbeit (adverbiale Bestimmung des Grundes) erschöpft.
Im Wohnzimmer (adverbiale Bestimmung des Ortes) herrscht Chaos.
Im Kleiderschrank (adverbiale Bestimmung des Ortes) findet der Vater noch eine Schraube.
Abends (adverbiale Bestimmung der Zeit) isst die ganze Familie gemeinsam Abendbrot.
Mit viel Glück (adverbiale Bestimmung der Art und Weise) haben sie fast alles fertig.
Naomi und ihre Schwester fallen müde und erschöpft (adverbiale Bestimmung der Art und Weise) ins Bett.
Am nächsten Tag (adverbiale Bestimmung der Zeit) wollen Naomis Großeltern zu Besuch kommen.

Seite 83

1 **a., b.**
Markierungen: Aussagesätze, Fragesätze und Ausrufe-/Aufforderungssätze
Die 6. Klasse ist auf Klassenfahrt. Sie wohnt in der Jugendherberge. Die Schüler haben sich schon lange darauf gefreut. Elsa fragt: „Was machen wir zuerst?" Die Lehrerin antwortet: „Wenn wir angekommen sind, beziehen wir die Betten." Lisa ruft: „Mir tut der Arm weh! Das ist für mich zu anstrengend! Wer hilft mir dabei?" Elsa antwortet: „Ich kann dir gerne helfen." Lisa ruft: „Du bist die Beste!"

2 **a., b.**
„Ich bin mutig, **weil** ich vom Turm springe."
„Ich trainiere alle Muskeln, **wenn** ich schwimme."
„Ich finde schwimmen toll, **weil** ich so leicht im Wasser bin."
„Ich mag schwimmen nicht, **weil** ich danach die Haare trocknen muss."

Seite 84

1, **2** Während die Mitarbeiter die SUP-Bretter bereitlegen, ziehen die Teilnehmer sich gleichzeitig ihren Neoprenanzug an.
Damit niemand friert, tragen alle an windigen Tagen einen Neoprenanzug.
Man steigt erst in etwas tieferem Wasser auf das Board, da die Finne nicht den Boden berühren darf.
Ganz langsam kommt man aus dem Sitzen oder Liegen in den Stand, damit man nicht das Gleichgewicht verliert und sicher steht.
Wenn man vorwärtskommen möchte, muss man auf dem Brett stehen und kräftig paddeln.

3 **a.** bis **c.**
Markierungen: Hauptsätze, Nebensätze
Wenn es beim SUP windig wird, ist das Halten des Gleichgewichts schwierig.
Man muss durch das Paddeln den Wind ausgleichen, damit man den Kurs hält und an seinem Ziel ankommt.
Während Windsurfer den Wind lieben, ist er auf dem SUP-Board eher von Nachteil.
Die Finne ist am hinteren Teil des Boards angebracht, damit man mehr Richtungsstabilität erhält und sich nicht im Kreis dreht.
Weil auch Anfänger das SUP schnell erlernen können, ist es eine sehr beliebte Sportart.

Seite 85

1 **a.** bis **c.**
der Urlau? – die Urlaube, also: der Urlaub
das Sie? – die Siebe, also: das Sieb
das Pfer? – die Pferde, also: das Pferd
der Zwer? – die Zwerge, also: der Zwerg
das Schil? – die Schilder, also: das Schild
die Bur? – die Burgen, also: die Burg

2 *Beispiel für Lösungen:*
der halbe Kuchen, also: halb
der runde Ball, also: rund
der starke Elefant, also: stark
der liebe Hund, also: lieb
der wilde Löwe, also: wild
das schlanke Model, also: schlank

3 *Beispiel für Lösungen:*
schreiben, also: er schreibt
bringen, also: sie bringt
jagen, also: er jagt
werden, also: es wird
schweigen, also: sie schweigt

4 die Räuber, denn: der Raub, rauben
erhält, denn: erhalten
glänzt, denn: der Glanz
bläulich, denn: blau

Seite 86

1 **a.** *Nomen:* der Klassenausflug – die Klassenausflüge; der Rodelberg – die Rodelberge; der Weg – die Wege: der Winterausflug – die Winterausflüge; der Tag – die Tage; der Schneeanzug – die Schneeanzüge; der Handschuh – die Handschuhe; die Bergwanderung: der Berg – die Berge; das Kind – die Kinder; der Startpunkt – die Startpunkte; der Berg – die Berge; der Nachmittag – die Nachmittage
Adjektive: die wilde Fahrt; die gesunde Luft
Verben: stieg – steigen; wankte – wanken

1 **b.** Früh morgens ging es los. Die Klasse 6 a der Max-Frisch-Gesamtschule stieg in den Bus auf dem Weg zum Winterausflug. Ein Tag im Schnee war das Ziel. Alle Kinder hatten warme Sachen an, neben der Mütze und dem Schneeanzug durften die Handschuhe nicht fehlen. Nach einer kurzen Bergwanderung erreichte jedes Kind den Startpunkt. Alle rodelten wild den Berg herunter. Am frühen Nachmittag wankte die Klasse müde aber glücklich und gesund wieder zurück nach Hause.

2 **a.** länger – lang; die Sträucher – der Strauch; ängstlich – die Angst; die Fläche – flach; die Träume – der Traum; die Bälle – der Ball

2 **b.** *Beispiel für Lösungen:*
Vor dem Besuch beim Friseur waren Lisas Haare länger.
Mein Vater schneidet die Sträucher im Garten.
Die Maus schaut ängstlich aus ihrem Loch heraus.
Die Fläche der Eisbahn ist glatt.
Vor dem Schlafen wünscht die Mutter ihrem Sohn schöne Träume.
Die Bälle fliegen durch die Sporthalle.

Seite 87

1 a. *Nomen:* das Fahrrad – die Fahrräder; die Radtour: das Rad – die Räder; das Strandbad: der Strand – die Strände, das Bad – die Bäder; der Tag – die Tage; der Anstieg – die Anstiege; der Berg – die Berge; das Rad – die Räder; der Fahrradkorb – die Fahrradkörbe; das Kleingeld – die Gelder; der Strand – die Strände; die Stärkung: stark – die Stärkungen; die Äpfel – der Apfel; der Bäcker – backen; das Bad – die Bäder
Adjektive: der schwierige Anstieg; die hastige Ankunft
Verben: fährt – fahren

2 a. Träumen → der Traum; wärmen → warm; die Äpfel → der Apfel; das Gästezimmer → der Gast; ängstlich → die Angst; säubern → sauber; mächtig → die Macht; täglich → der Tag; die Räume → der Raum; näher → nah; die Sträucher → der Strauch; kräftig → die Kraft; käuflich → kaufen; es fällt → fallen; die Hände → die Hand

2 b. *Beispiel für Lösungen:*
Das Gästezimmer wird täglich gesäubert.
Der Apfel fällt in die Hände des Jungen.

Seite 88

2 a. bis **c.**
Merkwörter mit aa: der Aalkopf; der Staatsbesuch; die Haarspange; der Paartanz; die Saaltür; der Aasfresser
Merkwörter mit ee: die Beetpflanze; der Teebeutel; der Beerenkuchen; das Meerwasser; die Kleeblüte; das Leergut
Merkwörter mit oo: der Zoodirektor; die Moorleiche; das Moospolster; das Bootshaus; die Doofheit; der Flusskoog

3 a. bis **c.** *Beispiel für Lösungen:*
Das Mädchen kauft eine Haarspange.
Die Saaltür schließt sich.
Die Hyäne gehört zu den Aasfressern.
Die Beetpflanze braucht viel Wasser.
Du musst den Teebeutel herausnehmen!
Das Leergut wird im Supermarkt gesammelt.
Der Zoodirektor hält eine Rede.
Die Moorleiche wurde endlich gefunden.
Das Moospolster speichert Wasser.

Seite 89

1 a. bis **c.**
der Igel, das Kaninchen, das Kilo, das Kino, der Liter, die Margarine, die Maschine, die Musik, der Termin, der Tiger

2 Lisa holt die Margarine aus dem Kühlschrank.
Ein Kilo Äpfel kosten 3 Euro.
Der Mechaniker repariert die Maschine.
Der Termin beim Zahnarzt ist morgen.
Heute gehen Lisa und Mert ins Kino.
Der Tiger schleicht in seinem Käfig herum.
Der Vater sammelt Holz für den Kamin.

Seite 90

1 a. bis **c.**

eine Silbe	zwei Silben	drei Silben
vier voll brav	das Klavier der Advent der Vater vorbei der Vogel die Vase	vormittags die Vanille violett

2 Jedes Jahr, nachdem die Zugfögel an uns forbei Richtung Süden geflogen sind, beginnt eine besinnliche Zeit, die Adwentszeit. In der Küche riecht es nach Wanille und der Fater spielt Klawier. In einer Wase stehen fier Tannenzweige mit wioletten Weihnachtskugeln.

Jedes Jahr, nachdem die Zugvögel an uns vorbei Richtung Süden geflogen sind, beginnt eine besinnliche Zeit, die Adventszeit. In der Küche riecht es nach Vanille und der Vater spielt Klavier. In einer Vase stehen vier Tannenzweige mit violetten Weihnachtskugeln.

2 b. Die Merkwörter mit *v* werden häufig falsch geschrieben, weil es sich anhört, als werden sie mit *w* oder *f* geschrieben.

Seite 91

1 a., b.
Nomen: Farbpalette, Farbeimer
Verben: färben, verfärben
Adjektive: vielfarbig, einfarbig

1 c. *Nomen:* Wasserfarbe, Herbstfarben, Farbenlehre, Farbenpracht …
Verben: einfärben, umfärben
Adjektive: farbenreich, farbenfreudig, farblich …

2 a. einsetzen, absetzen, aufsetzen, aussetzen

2 b. Die Spieler auf der Ersatzbank wurden beim Spiel nicht mehr eingesetzt.
Um den Text zu lesen, muss sie sich die Brille aufsetzen.
Beim Spiel „Mau-Mau“ musste er andauernd aussetzen.
Das sieht zu komisch aus! Du solltest den lustigen Hut lieber absetzen.

Seite 92

1 a., b.
Wortfamilie *-komm-*: das Abkommen, aufkommen, durchkommen, vorkommen, ankommen, bekommen, umkommen, abkömmlich, bekömmlich, verkommen, das Auskommen …

Wortfamilie *-stell-*: einstellen, verstellen, bestellen, vorstellen, anstellen, abstellen, ausstellen, bestellt, die Einstellung, die Bestellung, die Vorstellung, die Anstellung, die Ausstellung, die Umstellung, der Angestellte, verstellen ...

2 Die Kinder bekommen am Nikolaustag Süßigkeiten.
Der Bus kommt mit Verspätung an.
Die Vorstellung im Theater beginnt um 16 Uhr.
Die Kinder stellen am Tag der offenen Tür ihre Kunstwerke aus.

Seite 93

1 a., b.
-lauf-: weglaufen, auslaufen, der Dauerlauf, eislaufen
-nehm-: abnehmen, die Vernehmung, wir nehmen, die Unternehmung
-lieb-: lieben, verlieben, der Liebesbrief, liebevoll
-halt-: das Festhalten, behalten, die Unterhaltung, halten

1 c. *-lauf-:* verlaufen, das Laufrad, umherlaufen, Laufschuh
-nehm-: die Annahme, vernehmen, zurücknehmen, der Abnehmer
-lieb-: lieblos, die Liebste, das Lieblingskind, lieblich
-halt-: der Halter, haltbar, die Haltelinie, der Haushalt

2 Ich beschreibe heute meine liebe Freundin Sarah. Wir verbringen viel Zeit zusammen, in der wir uns unterhalten oder Unternehmungen machen. Letzte Woche waren wir eislaufen. Oder wir nehmen unsere Laufschuhe und gehen joggen. An einer Freundschaft mit einer so liebevollen Person sollte man gut festhalten.

Seite 94

1 a., b.
Checkpunkt 2: Der Bergführer erklärt der Wandergruppe die heimische Tierwelt.
Checkpunkt 3: Die schwarze Katze läuft über die Straße.
Checkpunkt 5: Wenn der Bus an einer Haltestelle bremst, muss man sich festhalten.

2 a. fährt (Checkpunkt 3: Wörter ableiten)
Strand (Checkpunkt 2: Wörter verlängern)
Gebäude (Checkpunkt 3. Wörter ableiten)
spanische (Checkpunkt 5: Wortfamilien richtig schreiben)

2 b. Anna fährt mit ihren Eltern in die Ferien nach Spanien. Die Familie freut sich auf den Sommerurlaub. Anna ist am liebsten den ganzen Tag am Strand, ihre Mama möchte viele schöne, alte Gebäude besichtigen und durch die vielen kleinen Läden schlendern. Annas Vater freut sich auf das spanische Essen. Alle hoffen auf gutes Wetter.

Seite 95

1 a. Tom fährt mit seinem großen Bruder Jan und seinem Vater am Wochenende mit dem Farrad zelten. Entlich geht es los. Am Ziel angekommen machen die drei am Abent ein Feuer und grillen Würstchen. Bevor sie schlafen gehen, reumen sie den Müll zusammen. Nachts wacht Peter von einem Rascheln auf. „Was ist das, hört ihr es auch?", frakt Peter Jan und seinen Vater. Jan flüstert engstlich: „Da bewegt sich etwas, hoffentlich ist es nichts Gefehrliches!" Tatsächlich, vor ihrem Zeld raschelt und knistert es. Der Vater schaut nach und gibt Entwarnung: „Ihr braucht keine Angst zu haben, es sind nur zwei Meuse."

1 b. Fahrrad (Checkpunkt 5: Wortfamilien richtig schreiben)
endlich (Checkpunkt 3: Wörter ableiten)
Abend (Checkpunkt 2: Wörter verlängern)
räumen (Checkpunkt 2: Wörter ableiten)
fragt (Checkpunkt 2: Wörter verlängern)
engstlich (Checkpunkt 3: Wörter ableiten)
Gefährliches (Checkpunkt 3: Wörter ableiten)
Zelt (Checkpunkt 2: Wörter verlängern)
Mäuse (Checkpunkt 3: Wörter ableiten)

1 c. Tom fährt mit seinem großen Bruder Jan und seinem Vater am Wochenende mit dem Fahrrad zelten. Endlich geht es los. Am Ziel angekommen machen die drei am Abend ein Feuer und grillen Würstchen. Bevor sie schlafen gehen, räumen sie den Müll zusammen. Nachts wacht Peter von einem Rascheln auf. „Was ist das, hört ihr es auch?", fragt Peter Jan und seinen Vater. Jan flüstert ängstlich: „Da bewegt sich etwas, hoffentlich ist es nichts Gefährliches!" Tatsächlich, vor ihrem Zelt raschelt und knistert es. Der Vater schaut nach und gibt Entwarnung: „Ihr braucht keine Angst zu haben, es sind nur zwei Mäuse."

Seite 96

1 a. In unserem kleinen Garten ferbringe ich viel Zeit. Ich sitze auf der Bank unter dem Apfelbaum und lese ein Buch. Manchmal hengen wir Lampions in den Baum. Die schaukeln dann so schön im Wint. Im Garten befindet sich auch ein kleiner Teich mit einem Stek darüber. Manchmal sitze ich darauf, um die Blätter aufzunemen, die ins Wasser fallen. Im Moment tregt der Apfelbaum viele weiße Blüten, so viel, man glaupt es kaum. Die fleißigen Bienen fliegen umher und besteuben alle Blüten. Die Vögel singen ihr Liet. Ich freue mich jetzt schon auf die Zeit, wenn die leckeren grünen Äpfel am Baum hengen und dann herunterfalen. Die Zeit ist mir die liepste.

1 b. verbringe (Checkpunkt 5: Wortfamilien richtig schreiben)
hängen (Checkpunkt 3: Wörter ableiten)
Wind (Checkpunkt 2: Wörter verlängern)

Steg (Checkpunkt 2: Wörter verlängern)
aufzunehmen (Checkpunkt 5: Wortfamilien richtig schreiben)
trägt (Checkpunkt 3: Wörter ableiten)
glaubt (Checkpunkt 3: Wörter ableiten)
bestäuben (Checkpunkt 3: Wörter ableiten)
Lied (Checkpunkt 2: Wörter verlängern)
hängen (Checkpunkt 3: Wörter ableiten)
herunterfallen (Checkpunkt 5: Wortfamilien richtig schreiben)
liebste (Checkpunkt 3: Wörter ableiten)

1 c. In unserem kleinen Garten verbringe ich viel Zeit. Ich sitze auf der Bank unter dem Apfelbaum und lese ein Buch. Manchmal hängen wir Lampions in den Baum. Die schaukeln dann so schön im Wind. Im Garten befindet sich auch ein kleiner Teich mit einem Steg darüber. Manchmal sitze ich darauf, um die Blätter aufzunehmen, die ins Wasser fallen. Im Moment trägt der Apfelbaum viele weiße Blüten, so viel, man glaubt es kaum. Die fleißigen Bienen fliegen umher und bestäuben alle Blüten. Die Vögel singen ihr Lied. Ich freue mich jetzt schon auf die Zeit, wenn die leckeren grünen Äpfel am Baum hängen und dann herunterfallen. Die Zeit ist mir die liebste.

Seite 97

1 a. *Nomen + Nomen:*
die Kinderstation, die Bettlaken, die Bettbezüge, die Ketchupflasche, die Wurstscheiben

1 b. *Nomen + Adjektiv:*
der Neubau = neu + der Bau; das Frühstück = früh + das Stück; die Kleinkinder = klein + die Kinder; das Graubrot = grau + das Brot; der Kühlschrank = kühl + der Schrank; die Rohkost = roh + die Kost

2 der Kleingarten, das Buntpapier, die Schnellbahn

3 Tarik erzählte: „Ich habe sehr viel gearbeitet."
„Am Nachmittag war ich ganz schön geschafft", sagte Tarik.

Seite 98

1 *Markierungen:* Nomen + Nomen; Nomen + Adjektiv; Nomen + Verb
Hanna interessiert sich für Mode und Sport. Daher verbringt sie den Girls'Day in einem Sportgeschäft. Schon an der Eingangstür wird sie vom Filialleiter, Herrn Müller, empfangen. Stolz zeigt er Hanna das Geschäft mit dem Warenlager. Am Nachmittag sortiert sie die Billigangebote, säubert die Umkleidekabinen und stellt die neuen Wanderschuhe in das Schaufenster. Am Abend stöhnt sie: „Puh, das war anstrengend."

2 a., b.
Nomen + Nomen: der Sport + das Geschäft = das Sportgeschäft; der Eingang + die Tür = die Eingangstür; die Filiale + der Leiter = der Filialleiter; die Waren + das Lager = das Warenlager
Nomen + Adjektiv: billig + die Angebote = die Billigangebote
Nomen + Verb: umkleiden + die Kabinen = die Umkleidekabinen; wandern + die Schuhe = die Wanderschuhe; schauen + das Fenster = das Schaufenster

3 die Haustür, die Gartenarbeit, die Frühschicht, der Fahrschüler, die Umkleidekabine, der Kleingarten, das Hochhaus, das Spielhaus

4 a., b.
Am Abend stöhnt sie: „Puh, das war anstrengend."

4 c. „Puh, das war anstrengend", stöhnt sie am Abend.

Seite 99

1, **2** *Nomen + Nomen:* die Facharztpraxis, die Mittagspause, die Berufsausbildung, der Studiengang, der Lagerraum
Nomen + Adjektiv: das Hochhaus, die Hochschule, der Kühlschrank
Nomen + Verb: der Heilberuf, das Wartezimmer, das Sprechzimmer, der Arzthelfer, das Bestrahlungsgerät

2 a., b.
„Der Tag in der Facharztpraxis hat mir gut gefallen", meint Karim.
Karim meint: „Der Tag in der Facharztpraxis hat mir gut gefallen."
„Der Tag in der Facharztpraxis", meint Karim, „hat mir gut gefallen."

Seite 100

1 Die „Stiftung Lesen" hat die Aktion veranstaltet.

2 das Fahren, zum Fahren, beim Fahren, vom Fahren
das Reden, zum Reden, beim Reden, vom Reden

3 Meine Freundin hat sich beim Lachen fast verschluckt.

4 Beim Schreiben hatten sie gute Ideen, Gedanken und Einfälle.
Doch das Lesen, Schreiben, Blättern oder Vorlesen machte ihnen sehr viel Freude.

Seite 101

1 Das vermutlich kleinste Buch der Welt ist so groß wie ein Streichholzkopf.

2 Zum Lesen dieses Buches braucht man eine starke Brille, ein Vergrößerungsglas oder eine Lupe, weil es nur so groß wie ein Streichholzkopf ist. Beim Umblättern benötigst du eine ruhige Hand, eine kleine Pinzette und viel Zuversicht. Dein Zittern könnte schon Schaden anrichten. Bist du im Lesen gut? Dann könntest du vielleicht die kleinen Buchstaben entziffern. Die sind zwar mit bloßem Auge nicht zu erkennen, aber für den Spottpreis von 235 Euro wird die Lupe zum Lesen gleich mitgeliefert. Das Büchlein kann man im Druckereimuseum in Tokio kaufen.

3 **a., b.**
Dein Zittern könnte schon Schaden anrichten.

4 *lachen:* mein Lachen, dein Lachen, unser Lachen, euer Lachen
rufen: mein Rufen, dein Rufen, unser Rufen, euer Rufen

5 **a.** Zum Lesen dieses Buches braucht man eine starke Brille, ein Vergrößerungsglas oder eine Lupe, weil es nur so groß wie ein Streichholzkopf ist.

5 **b.** Hauptsatz, Nebensatz mit weil

Seite 102

1

Artikel	versteckter Artikel	Possessivpronomen	Adjektiv
das Beschreiben	beim Lesen	unser Vergessen	schnelles Lesen
das Kaufen	*zum Blättern*	*euer Vorlesen*	*gutes Verstehen*
das Lesen	*vom Blinzeln*	*dein Ablesen*	*lautes Lesen*
das Umblättern	*im Vorbeigehen*	*sein Denken*	*leichtes Lesen*

2 *Beispiel für Lösungen:*
Beispiele sind in der Tabelle in Aufgabe 1 kursiv.

3 **a.** Aber glücklicherweise sind die meisten Sätze leicht verständlich, weil sie kurz und knapp bzw. gut gegliedert sind.

3 **b.** *Hauptsatz, Nebensatz mit weil*
Ich gehe heute in die Bücherei, weil dort eine Lesung ist.
Jason leiht sich einen Krimi aus, weil er Spannung liebt.
Anna mag Liebesromane, weil sie gerne träumt.

Nebensatz mit weil, Hauptsatz
Weil heute Sonntag ist, ist die Bibliothek geschlossen.
Weil die ausgeliehenen Bücher schwer sind, braucht Anna eine Tragetasche.
Weil er den Krimi schon gelesen hat, stellt Jason das Buch wieder ins Regal.

Seite 103

1 Furkan findet gut, dass die Schüler in der Pause miteinander spielen.

2 etwas Schönes, etwas Neues, beim Spielen, nichts Schlimmes

3 etwas Süßes, etwas Neues, etwas Interessantes, etwas Liebes, etwas Gesundes
nichts Süßes, nichts Neues, nichts Interessantes, nichts Liebes, nichts Gutes

4 Er erinnert sich, dass an seiner alten Schule in den Pausen meistens nur gechattet wurde.
Er wundert sich nur, dass beim Spielen bisher nichts Schlimmes passiert ist.
Furkan hofft, dass er viel Spannendes lernen kann.

5 Ich weiß, dass ich niemanden an der neuen Schule kenne.
Sie hofft, dass sie rasch eine Freundin findet.
Wir wünschen dir, dass du einen guten Schulstart hast.
Er glaubt, dass er im Fach Sport besonders gut ist.

Seite 104

1 In der Mittagspause laufen die Schülerinnen und Schüler schnell zur Mensa. „Hoffentlich gibt es etwas Leckeres", denkt Emma. Sie wird nicht enttäuscht. Sie sieht, dass es Nudeln und Salat gibt. Häufig gibt es wenig Köstliches. Zum Nachtisch wird viel Süßes angeboten. „Das ist aber nichts Gesundes", kritisiert Furkan und lässt seinen Dessertteller stehen. Er fürchtet, dass er sonst zum Zahnarzt muss. „Karies ist nichts Schönes", erklärt er Emma, „sondern kann verdammt wehtun." Aber Emma isst fleißig weiter. Ihr schmeckt es und sie denkt beim Essen nicht an die Zukunft.

2 etwas Altes, nichts Altes, viel Altes, wenig Altes
etwas Großes, nichts Großes, viel Großes, wenig Großes
etwas Schönes, nichts Schönes, viel Schönes, wenig Schönes
etwas Seltsames, nichts Seltsames, viel Seltsames, wenig Seltsames
etwas Riesiges, nichts Riesiges, viel Riesiges, wenig Riesiges

3 Sie sieht, dass es Nudeln und Salat gibt.
Er fürchtet, dass er sonst zum Zahnarzt muss.

4 **a.** Sie denkt, dass Essen wichtig ist.
Er vermutet, dass Zucker seine Zähne schädigt.

4 **b.** Er erklärt, dass Karies schnell behandelt werden muss.
Sie glaubt, dass rohes Fleisch ungesund ist.

Seite 105

1 Furkan wird nervös, weil ein Unwetter mit Regen und Sturm aufzieht.

2 Nach der Schule verlassen die Schülerinnen und Schüler das Schulgelände. Sie beeilen sich, nach Hause zu kommen. Denn das Grau des Himmels verheißt nichts Gutes. Sie vermuten, dass es bald ein Unwetter geben wird. Regen kennen sie natürlich, aber zugleich bläst ein starker Wind. Das bedeutet vermutlich etwas Unangenehmes. Emma hofft, dass sie trocken zu Hause ankommt. Furkan ist im Allgemeinen nicht ängstlich. Doch so ein Unwetter mit Regen und Sturm macht auch ihm schnelle Beine. Er bleibt zunächst total cool. Aber als die ersten Tropfen fallen, wird er nervös. „Ich habe heute noch viel Spannendes vor", ruft er entschuldigend und rennt los.

3 **a., b.**
Aus den Nachrichten erfährt Furkan wenig Neues.
Nach dem Unwetter hat Furkan noch viel Spannendes vor.

4 Sie vermuten, dass es bald ein Unwetter geben wird.
Emma hofft, dass sie trocken zu Hause ankommt.

5 Er denkt, dass er vor dem Gewitter zu Hause ist.
Sie meint, dass etwas Regen nicht schadet.
Wir wünschen uns, dass ihr das Unwetter gut übersteht.

Seite 106

1 Else hatte ein Alibi.

2 verschwinden, erröten, verlassen, erwarten, verwundern, erklären, verspäten

3 ertragen, vertragen; erziehen, verziehen; erlegen, verlegen; ergeben, vergeben; erstellen, verstellen; erlassen, verlassen; erkennen, verkennen

4 **a.** Als der Kommissar Tochter Else nach dem verschwundenen Armband ihrer Mutter fragte, errötete sie vor Aufregung.
Als ich schließlich ging, war Mutter noch im Haus.

4 **b.** Emma ging nach Hause, als es anfing zu regnen.

Seite 107

1 Heinz war erregt, weil er verdächtigt wurde.

2 **a., b.**

ver-	ent-	er-
verhören verkaufen verdienen verstummen verhaften verlassen verlegen	entgeistern entschuldigen enttäuschen	erlauben erregen erledigen
der Verdacht *die Versuchung*	*die Entdeckung*	*die Erlaubnis* *das Erlebnis*

2 **c.** *Beispiel für Lösungen:*
Beispiele sind in der Tabelle in Aufgabe 2 a., b. kursiv.

3 **a.** verstellen, verlassen, verziehen, verlaufen, entstellen, entlassen, entziehen, entlaufen erstellen, erlassen, erziehen, erlaufen

3 **b.** Der Junge hatte sich verlaufen.
Der Gefangene wurde entlassen.
Sie müssen eine Präsentation erstellen.

4 **a., b.**
Als Kommissar Kuno den Schwiegersohn verhörte, wurde der richtig wütend.
Als ich fuhr, erledigte meine Schwiegermutter noch etwas in der Küche.

4 **c.** Der Schwiegersohn wurde richtig wütend, als Kommissar Kuno ihn verhörte.
Meine Schwiegermutter erledigte noch etwas in der Küche, als ich fuhr.

4 **d.** Der Täter lief weg, als er den Kommissar sah.
Als das Verhör beendet war, ging der Kommissar nach Hause.

Seite 108

1 Samsons Eltern waren entsetzt, weil ihr Sohn das Armband versteckt hatte.

2 **a., b.**
verhören – das Verhör, verpassen, verstecken – das Versteck, entsetzen – das Entsetzen, erklären – die Erklärung, vorkommen – das Vorkommnis, verbinden – die Verbindung, erhalten – der Erhalt

3 **a., b.**
Als Kommissar Kuno ihn verhörte, gab Samson alles zu.
Es war niemand mehr da, als ich in die Küche kam.
Als er das hörte, wurde Samson immer kleiner.

3 **c.** Samson gab alles zu, als Kommissar Kuno ihn verhörte.
Als ich in die Küche kam, war niemand mehr da.
Samson wurde immer kleiner, als er das hörte.

3 d. Der Dieb stolperte, als er den Polizisten bemerkte.
Als der Polizist den Laden betrat, sah er den Dieb am Boden liegen.
Als der Polizist den Dieb festnahm, bemerkte er die Platzwunde.

Seite 109

1 a., b.
Liebe Eltern,
die Klasse 6d möchte im Mai eine Klassenfahrt machen. Die Fahrt ist nicht billig. Daher laden wir Sie zu einem Informationsabend in unser Klassenzimmer ein. Wir stellen Ihnen die Fahrt vor und beantworten interessierte Fragen. Natürlich freuen wir uns auch über eine Aufbesserung unserer Kasse. Die Veranstaltung beginnt am Mittwoch, den 23.03. um 19:00 Uhr. Der Abend wird ein Erfolg, wenn möglichst viele von Ihnen kommen.
Mit freundlichen Grüßen
Ihre Klasse 6d und die Klassenlehrerin

2 a., b.
die Freundin – die Freundinnen, die Verkäuferin – die Verkäuferinnen, die Polizistin – die Polizistinnen, die Ärztin – die Ärztinnen, die Nachbarin – die Nachbarinnen

3 Der Abend wird ein Erfolg, wenn möglichst viele von Ihnen kommen.

Seite 110

1 a. bis **d.**
ck: zerbröckelt – bröckeln, dick, die Stücke, der Rücken – das Rückgrat
tz: plötzlich, verletzt – verletzen, Schulplatz, benutzen – die Benutzung

2 a. Freitag, den 13. 12. 2019

2 b. Mittwoch, 10.06.2020
Dienstag, 10.03.2020

Seite 111

1 wenn, das Wetter, stattfinden, der Donner, das Wettspiel, die Schülerinnen, die Lehrerinnen

2 a. der Blitz, zurück

2 b. ck: die Glocke, der Deckel, der Bäcker, wickeln, strecken, der Dackel
tz: hetzen, schwitzen, platzen, die Katze, die Pfütze, die Tatze

3 a. Wenn das Wetter schön ist, findet die Veranstaltung auf dem Schulhof statt.

3 b. Die Veranstaltung findet auf dem Schulhof statt, wenn das Wetter schön ist.

4 a. Freitag, den 29. 05. 2020

4 b. München, den 14.07.2021
Berlin, den 22.02.2022

Seite 112

1 a. Sehr geehrter Herr Bürgermeister,
Mittwoch, den 30. 01. 2019,
in letzter Zeit häufen sich an unserer Schule die Klagen über das Essen. Am Dienstag, 15. 01. 2019, hat es zu diesem Thema eine Befragung an unserer Schule gegeben. Den meisten Schülerinnen und Schülern schmeckt es nicht. Es ist zu teuer und zu fettig. Viele wollen es deshalb abbestellen. Daher bitte ich Sie, mal mit dem Lieferanten zu sprechen. Bestimmt können Sie etwas verändern, wenn Sie Ihren Einfluss geltend machen. Wir würden uns jedenfalls freuen, wenn auch mal alternatives Essen angeboten würde.
Im Voraus vielen Dank!
Mit freundlichen Grüßen
Kati Klug (Klassensprecherin 6a)

1 b. letzter, der Mittwoch, das Essen, die Schülerinnen, schmecken, fettig, wollen, abbestellen, bitte, bestimmt, können, wenn, der Einfluss, jedenfalls

1 c. *Beispiel für Lösungen:*
Doppelkonsonant: Mittel, Donnerstag, Kasse …
ck: lecken, Deckel, Ecke …
tz: spitz, hetzen, hinsetzen …

2 Bestimmt können Sie etwas verändern, wenn Sie Ihren Einfluss geltend machen.
Wenn Sie Ihren Einfluss geltend machen, können Sie bestimmt etwas verändern.

3 a. Dienstag, 15. 01. 2019

3 b. Mittwoch, 13.01.2021
Hamburg, den 03.03.2022
Berlin, den 10.11.2021
Montag, 13.03.2023

6

D wie Deutsch

Arbeitsheft mit interaktiven Übungen
Basis und Plus

Herausgegeben von Dorothee Braun und Renate Teepe

Erarbeitet von
Ulrich Deters, Beate Hallmann, Sandra Heidmann-Weiß, Michaela Krauß, Corinna Landmann, Stefanie Lange, Ricarda Lohrsträter, Martin Püttschneider, Elisabeth Schäpers

scook Deine **interaktiven Übungen** findest du hier:

1. Melde dich auf scook.de an.
2. Gib den unten stehenden Zugangscode in die Box ein.
3. Hab viel Spaß mit deinen interaktiven Übungen.

Dein Zugangscode auf
www.scook.de

Die Nutzungsdauer für die Online-Übungen beträgt nach Aktivierung des Zugangscodes zwei Jahre. In dieser Zeit speichern wir deine Lernstandsdaten für dich; nach Ablauf der Nutzungsdauer werden sie gelöscht.

db3f-3g-rkou

Cornelsen

Neben diesem Arbeitsheft gibt es das Arbeitsheft Basis mit zusätzlicher Förderung – mit und ohne interaktive Übungen.

Textquellen:
S. 36: Das Pferd und der Esel (nach Äsop). Bertuch Verlag GmbH, Weimar; https://www.deutschland-lese.de/index.php?article_id=992; aufgerufen am 2. Mai 2019. **S. 39**: Der Fuchs und der Storch (nach Äsop). Das große Fabelbuch. Lappan Verlag, Oldenburg 2010, S. 62. **S. 42**: La Fontaine, Jean de: Der Rabe und der Fuchs. Die schönsten Fabeln. Aus dem Französischen von Thomas Keck. © Insel Verlag, Frankfurt am Main 1990. **S. 46**: Guggenmos, Josef: Das große, kecke Zeitungsblatt. Gelberg, H.-J. (Hrsg.) Die Stadt der Kinder. Recklinghausen: Bittner Verlag 1969. **S. 49**: Heine, Heinrich: Der Wind zieht seine Hosen an. Buch der Lieder. Die Heimkehr, S. 182. Hamburg: Hoffmann und Campe 1827. **S. 52**: Busta, Christine: Die Frühlingssonne. Die Scheune der Vögel. Salzburg: Otto Müller Verlag 1958. **S. 56–57**: Schlüter, Andreas: Level 4 – Die Stadt der Kinder. München: dtv-junior 2018 (25. Auflage), S. 18; leicht überarbeitete Neuauflage; 1998 dtv Verlagsgesellschaft mbH & Co. KG, München (© 2004 Arena Verlag GmbH, Würzburg). **S. 59–61**: Dave Eggers: Die Mitternachtstür. Übersetzt von Ilse Layer. Düsseldorf: FISCHER Sauerländer 2018. S. 193 ff.; THE Lifters, © 2018, Dave Eggers; für die deutschsprachige Ausgabe: © 2018 S. Fischer Verlag GmbH, Frankfurt a. M. **S. 62–63**: Karuna Riazi: Paheli. Spiel um alles oder nichts. Übersetzt von Cornelia Panzacchi. Stuttgart: Thienemann Verlag 2018. S. 31 ff.

Bildquellen:
S. 3: © NASA; **S. 6**: picture-alliance/Helen Ahmad/dpa; **S. 9**: Shutterstock/wavebreakmedia; **S. 12**: stock.adobe.com/ernstboese; S. 26 (1): © NASA, (2) © NASA; **S. 29**: © NASA; **S. 30** (1): © NASA, (2) © NASA, (3) © NASA, (4) © NASA; **S. 32** (1): © NASA, (2) © NASA; **S. 56**: Cover: Andreas Schlüter: Level 4 – Die Stadt der Kinder. München: dtv-junior 2018 (25. Auflage), S. 18; leicht überarbeitete Neuauflage; 1998 dtv Verlagsgesellschaft; **S. 59**: Cover: Dave Eggers: Die Mitternachtstür. Illustriert von Aaron Renier. Aus dem Englischen von Ilse Layer. © Fischer Kinder- und Jugendbuch Verlag GmbH, Frankfurt am Main 2018; **S. 62**: Cover: Karuna Riazi: Paheli. Spiel um alles oder nichts. Übersetzt von Cornelia Panzacchi. Stuttgart: Thienemann Verlag 2018. S. 31 ff.

Illustrationen:
Raimo Bergt, Wanfried: S. 3, 66, 69, 71, 73–74, 77, 82–84; **Tobias Dahmen**, Utrecht: S. 3, 7, 10, 13; **Alexandra Langenbeck**, Toronto: S. 3, 16, 19, 22; **Barbara Schumann**, Schöneiche: S. 3, 36, 38, 40–42; **Ulrike Selders**, Köln: S. 4, 30, 85, 88–92, 96, 99–102, 108; **Dorina Tessmann**, Berlin: S. 3, 46, 48–50, 52, 54, 57, 59, 62

Impressum

Redaktion: Susanne El-Gindi, Sandra Wuttke-Baschek
Umschlaggestaltung: Rosendahl Berlin, Berlin
Layout, Grafik und technische Umsetzung: Klein & Halm Grafikdesign, Berlin

www.cornelsen.de

Alle Drucke dieser Auflage sind inhaltlich unverändert
und können im Unterricht nebeneinander verwendet werden.

Druck: Athesiadruck GmbH

1. Auflage, 4. Druck 2021
Arbeitsheft Basis und Plus
ISBN 978-3-06-200004-1

1. Auflage, 5. Druck 2022
Arbeitsheft Basis und Plus mit interaktiven Übungen
ISBN 978-3-06-200017-1

PEFC
PEFC/18-31-166

PEFC zertifiziert
Dieses Produkt stammt aus nachhaltig bewirtschafteten Wäldern und kontrollierten Quellen.
www.pefc.de

Inhaltsverzeichnis

Rechtschreiben 85–112

Eine Schule für alle – *schriftlich argumentieren*

In diesem Kapitel lernst du, deine Meinung zu äußern und mit Argumenten zu begründen. Außerdem schreibst du einen Brief.

Meine Meinung äußern

Mit meiner Meinung sage ich, was ich über einen Vorschlag oder eine Sache denke. Ich kann **für** oder **gegen** eine Sache sein.	*Ich bin für/gegen …* *Ich finde … gut/nicht gut/sinnvoll/unnötig.* *Ich meine, dass …* *Ich bin dafür. Ich bin dagegen.*

Meine Meinung begründen

Wenn ich andere von meiner Meinung überzeugen will, **begründe** ich sie **mit Argumenten**.	
Ich kann **Pro-Argumente** für einen Vorschlag finden oder **Kontra-Argumente** dagegen. Begründungen mit Pro- oder mit Kontra-Argumenten leite ich oft mit **weil-** oder **denn** ein.	***Ich bin für*** *eine Leseecke,* ***weil*** *wir uns dort etwas entspannen können.* ***Ich finde*** *eine Leseecke* ***unnötig***, ***denn*** *die meisten Kinder wollen sich in der Pause bewegen oder mit ihren Freunden sprechen.*

Einen Brief schreiben

Ich beachte die Form des Briefes:
die **Anrede**, den **Ort** und das **Datum**, den **Gruß** und die **Unterschrift**.

Oberhausen, den 24.09.2019 — der Ort, das Datum

die Anrede — *Sehr geehrte Frau Friesen,*

für unsere Schule wünschen wir uns eine Leseecke.
Wir finden eine Leseecke wichtig, weil …
Außerdem sind wir der Meinung, dass …

der Gruß — *Viele Grüße*
Malik, Paula und die Bücher-AG

der Name / die Unterschrift

Eine Wurmkiste? Seite 6
Eine Leseecke? Seite 9
Ein Skateplatz? Seite 12

Eine Wurmkiste? – Meinungen begründen, einen Brief schreiben

Die Kinder der Schulgarten-AG planen eine Projektwoche. Ein Vorschlag ist, eine Wurmkiste zu bauen. Die Kinder diskutieren über den Vorschlag.

Sarah: Ich bin für eine Wurmkiste. Es macht bestimmt Spaß, die Kiste zu bauen und die Würmer hineinzusetzen.

Ayla: Meiner Meinung nach ist eine Wurmkiste völlig überflüssig. Wir haben doch schon genug Arbeit mit dem Garten. Ich möchte lieber Liegestühle bauen.

Edgar: Überflüssig ist eine Wurmkiste nicht, ganz im Gegenteil. Die Würmer liefern Komposterde, also Dünger für unsere Pflanzen. Ich finde die Idee gut.

Mia: Ich bin auch dafür, weil wir unseren Bioabfall dann wiederverwerten können. Außerdem können alle Klassen etwas dazu beitragen, indem sie ihre Bioabfälle sammeln.

Chiara: Aber ob das auch klappt? Die Klassen schaffen es bestimmt nicht, den Würmern regelmäßig Futter zu bringen. Es dürfen auch keine falschen Abfälle in der Kiste landen, sonst verschimmelt die Erde. Ich denke, dass eine Wurmkiste für die Schule keine so gute Idee ist.

Berkan: Ich bin auch dagegen, denn Biomüll und Würmer sind unhygienisch.

Jonas: Wir könnten doch Flyer mit den wichtigsten Infos an alle Klassen verteilen. Ich wünsche mir übrigens eine Wurmkiste mit Fenster, damit wir die Würmer beobachten können.

1 Die Kinder äußern unterschiedliche Meinungen.
Woran erkennst du die Meinungen der Kinder?
Markiere die Textstellen.

► Wissen kompakt, S. 5

2 Wie begründen die Kinder ihre Meinungen?
a. Unterstreiche die Argumente **für** eine Wurmkiste blau.
b. Unterstreiche die Argumente **gegen** eine Wurmkiste rot.

Argumente werden oft mit weil, da oder denn eingeleitet.

3 Was spricht **für** und was **gegen** eine Wurmkiste im Schulgarten?
Schreibe zwei Begründungen auf. Leite die Argumente mit weil, da oder denn ein.
Tipp: Du kannst Argumente aus dem Gespräch oder eigene Argumente verwenden.

Ich bin für ______________________

____

Ich bin gegen ______________________

____

Die meisten Kinder der Schulgarten-AG sind für eine Wurmkiste. Um den Schulleiter und die anderen Schülerinnen und Schüler von der Idee zu überzeugen, sammeln sie gute Argumente.

4 a. Schreibe die Argumente der Kinder für eine Wurmkiste in die Tabelle.
b. Ergänze noch ein eigenes Argument dafür.

Argumente für die Wurmkiste	Wichtigkeit
– Es macht Spaß, die Kiste zu bauen und die Würmer hineinzusetzen.	

5 Welche Argumente findest du besonders überzeugend?
a. Markiere drei gute Argumente in der Tabelle.
b. Ordne sie nach Wichtigkeit: (1) am wichtigsten, (2) wichtig, (3) weniger wichtig.

6 Schreibe deine drei markierten Argumente geordnet auf.

Wir finden eine Wurmkiste gut, weil ______________________________

______________________________.

Außerdem ______________________________.

Vor allem ______________________________.

Chiara ist gegen eine Wurmkiste. Für ihre Gegen-Argumente wollen die Kinder Lösungen finden.

7 Welche Probleme nennt Chiara, die **gegen** eine Wurmkiste sprechen? Schreibe die Probleme in Stichworten auf.

____

____

8 Wie könnte man diese Probleme lösen? Notiere deine Ideen in Stichworten.

____

____

**Die Schulgarten-AG hat abgestimmt und sich für die Wurmkiste entschieden.
Die Kinder wollen dem Schulleiter einen Brief schreiben.**

▶ Wissen kompakt, S. 5

9 Schreibe einen Brief an den Schulleiter Herrn Lenz.

a. Schreibe **Ort** und **Datum** auf und wähle eine **Anrede** aus.
b. Schreibe den **Vorschlag** auf und begründe ihn mit drei guten **Argumenten**. Nenne dein wichtigstes Argument zum Schluss.
c. Erkläre, welches **Problem** es geben könnte und wie ihr es **lösen** wollt.
d. Schreibe einen **Gruß** ans Ende und unterschreibe den Brief.

____
(Ort und Datum)

______________________________ *Herr Lenz,*
(Lieber / Sehr geehrter)

Einleitung/Vorschlag: ______________________________

____

Argumente: ______________________________

____

____

____

____

Problem: ______________________________

____

Lösungsvorschlag: ______________________________

____

Schlusssatz: ______________________________

____

____
(Viele Grüße / Mit freundlichen Grüßen)

____
(deine Unterschrift und die der Schulgarten-AG)

Eine Leseecke? – Meinungen begründen, einen Brief schreiben

Pascal möchte gerne eine Leseecke im Schulgebäude einrichten. In der Bücher-AG diskutieren die Kinder über den Vorschlag.

Pascal: In der Schule meiner Schwester gibt es eine Leseecke. Ich meine, das wäre auch für unsere Schule eine gute Idee.

Malik: Das hört sich interessant an. Wie sieht diese Leseecke denn aus?

Pascal: Es ist ein abgetrennter Bereich mit Bücherregalen und Sofas. In den Pausen können Schülerinnen und Schüler aus allen Klassen dort lesen.

Malik: Ein ruhiges Pausenangebot finde ich sinnvoll, weil man dann etwas entspannen kann.

Jenny: Ich bin gegen eine Leseecke, denn das Einrichten mit Möbeln und Büchern ist ziemlich teuer.

Pascal: Ich denke, die Kosten können wir gering halten, wenn wir einen Spendenaufruf machen. Wer möchte, kann außerdem ausgelesene Bücher von zu Hause mitbringen.

Malik: Mir gefällt der Vorschlag. Als Bücher-AG könnten wir in der Leseecke auch ab und zu kleine Pausenaktionen anbieten. Zum Beispiel könnten ältere Schülerinnen und Schüler den Jüngeren vorlesen.

Jenny: Aber wir lesen doch im Unterricht schon so viel. Meiner Ansicht nach wollen sich die meisten Kinder in der Pause lieber bewegen.

Pascal: Das gilt allerdings nicht für alle Kinder. Die ruhige Leseecke wäre ein Rückzugsort für diejenigen, die der Krach auf dem Schulhof stört.

Jenny: Ich glaube nicht, dass die Leseecke ein ruhiger Ort sein wird, da sie ja ein Teil der Pausenhalle ist.

Malik: Stimmt, das ist ein Problem. Für die Gestaltung könnten wir ja einen Ideenwettbewerb ausschreiben.

Mit deiner Meinung sagst du, was du über einen Vorschlag denkst. ▶ Wissen kompakt, S. 5

1 Wie finden Pascal, Malik und Jenny den Vorschlag Leseecke?
Lies das Gespräch und schreibe die Meinungen der Kinder auf.

Pascal und Malik finden ____________________

Jenny ____________________

Mit Argumenten kannst du deine Meinung begründen und andere überzeugen. Begründungen werden oft mit weil, da oder denn eingeleitet.

2 Welche Argumente nennen die Kinder im Gespräch?
Markiere die Argumente für und gegen eine Leseecke in verschiedenen Farben.

In einer Tabelle kannst du Pro- und Kontra-Argumente sammeln und ordnen.

3 **a.** Schreibe die Argumente aus dem Gespräch in Stichworten auf.
Ordne sie nach Pro-Argumenten und Kontra-Argumenten.
b. Finde je ein weiteres Argument pro und kontra Leseecke.

Vorschlag: Eine Leseecke im Schulgebäude		
	Pro-Argumente (dafür)	**Kontra-Argumente (dagegen)**

Um andere von deiner Meinung zu überzeugen, benötigst du starke Argumente.

4 **a.** Sieh dir die Pro-Argumente in der Tabelle an.
Markiere drei Pro-Argumente, die du besonders überzeugend findest.
b. Ordne sie nach Wichtigkeit: (1) am wichtigsten, (2) wichtig, (3) weniger wichtig.

Argumente sind überzeugender, wenn du sie mit einem Beispiel veranschaulichst.

Malik: Ich bin für eine Leseecke, weil wir dort auch ab und zu kleine Aktionen anbieten könnten. Zum Beispiel könnten ältere Schülerinnen und Schüler den Jüngeren vorlesen.

5 **a.** Markiere in Maliks Aussage das Argument und das Beispiel mit verschiedenen Farben.
b. Finde zu dem Argument ein weiteres Beispiel.

Um andere zu überzeugen, solltest du auch die Kontra-Argumente bedenken.

Jenny: Ich glaube nicht, dass die Leseecke ein ruhiger Ort sein wird, da sie ja ein Teil der Pausenhalle ist.

6 Notiere Lösungsvorschläge für das Problem, das Jenny nennt.

Die Kinder der Bücher-AG haben abgestimmt und sich für die Leseecke entschieden. Nun möchten sie der Schulleiterin einen Brief schreiben.

7 Schreibe den Brief an die Schulleiterin Frau Friesen.

▶ Einen Brief schreiben, S. 5

a. Schreibe **Ort** und **Datum** auf und wähle eine **Anrede** aus.
b. Schreibe den **Vorschlag** auf und begründe ihn mit drei starken **Argumenten**. Nenne das stärkste Argument zum Schluss.
c. Veranschauliche ein Argument mit einem **Beispiel**.
d. Erkläre, welches **Problem** es geben könnte, und schlage eine **Lösung** vor. Tipp: Du kannst folgende Formulierungen verwenden.

Aus unserer Sicht … | *Außerdem finden wir … sinnvoll, weil …* | *Besonders wichtig …* | *Beispielsweise …* | *Ein Problem ist allerdings …* | *Wir schlagen folgende Lösung vor: …*

e. Schreibe einen **Gruß** ans Ende und unterschreibe den Brief.

____
(Ort und Datum)

____________________ *Frau Friesen,*
(Liebe / Sehr geehrte)

die Bücher-AG möchte ____________________

____
(Viele Grüße / Mit freundlichen Grüßen)

____
(Unterschrift)

Ein Skateplatz? – Meinungen begründen, einen Brief schreiben

Die Schülervertretung (SV) möchte einen Teil des Schulhofs neu gestalten. Die Schülerinnen und Schüler sollen Vorschläge einreichen.

Ein Skateplatz für den Schulhof?

In der Pause sitzen Alina, Juri und Tom zusammen auf dem Schulhof. Alina stellt frustriert fest: „Unser Schulhof ist so langweilig, es gibt hier nichts, was richtig Spaß macht." Juri stimmt ihr zu: „Du hast recht. Wir brauchen etwas mit Action, vielleicht eine Halfpipe oder besser einen richtigen Skateplatz mit mehreren Hindernissen." Alina ist begeistert: „Ein Skateplatz wäre großartig, denn dann könnten alle Schülerinnen und Schüler etwas gemeinsam machen." Juri stimmt Alina zu und ergänzt: „Wenn man die einzelnen Elemente unterschiedlich schwierig baut, können sowohl Anfänger als auch Fortgeschrittene skaten." Im Gegensatz zu Alina und Juri ist Tom skeptisch. „Ich weiß nicht. Die Gefahr, dass sich Kinder verletzen, ist meiner Ansicht nach viel zu groß", wendet er ein. Juri schüttelt den Kopf und entgegnet: „Verletzen kann man sich doch genauso auf dem Klettergerüst oder beim Fußballspielen." Doch Tom bleibt kritisch. „Ohne Trainer geht das nicht. Wir bräuchten Sportlehrer, die sich damit auskennen." „Also, ich bin sicher, dass einige Lehrerinnen und Lehrer dazu bereit wären und auch mal etwas Neues ausprobieren wollen", entgegnet Juri. Tom überlegt einen Moment. „Ein Skateplatz braucht mindestens so viel Platz wie ein Handballfeld und kostet richtig viel Geld", argumentiert er. „Man braucht außerdem Helme und anderes Zubehör, das sich nicht jeder leisten kann." Juri und Alina sind weiterhin von der Idee überzeugt. Sie glauben, dass der Skateplatz auch ein attraktiver Jugendtreffpunkt für den Nachmittag sein könnte. Alina möchte die Idee der Schülervertretung vorstellen.

1 Fasse in einem Satz zusammen, was Juri vorschlägt.

____

____

Mit Argumenten kannst du deine Meinung für (pro) oder gegen (kontra) einen Vorschlag begründen. Begründungen werden oft mit weil, da oder denn eingeleitet.

▸ Wissen kompakt, S. 5

2 Alina, Juri und Tom vertreten unterschiedliche Meinungen zu dem Vorschlag Skateplatz und nennen auch Argumente. Schreibe die Meinungen der Kinder auf und begründe sie jeweils mit einem Argument aus dem Text.

Alina und Juri: ______________________________

____

Tom: ______________________________

____

Alina und Juri wollen in der nächsten SV-Sitzung einen Skateplatz für den Schulhof vorschlagen. Deshalb notieren sie Pro- und Kontra-Argumente.

Pausensport, Aufsicht, Kosten, Ausrüstung

3 a. Schreibe die Pro- und Kontra-Argumente, die du dem Text entnehmen kannst, geordnet in die Tabelle.
b. Ergänze weitere Argumente, die für oder gegen den Vorschlag sprechen. Du kannst die Stichworte vom Rand nutzen.

Vorschlag: Skateplatz		
	Pro-Argumente (dafür)	Kontra-Argumente (dagegen)

Um andere von deiner Meinung zu überzeugen, benötigst du starke Argumente.

4 a. Markiere in der Tabelle drei Pro-Argumente, die du besonders überzeugend findest. Ordne sie nach Wichtigkeit: (1) am wichtigsten, (2) wichtig, (3) weniger wichtig.
b. Erkläre, warum du dein Argument (1) für das wichtigste hältst.

Argumente sind überzeugender, wenn du sie durch Beispiele veranschaulichst.

Alina: Ich bin für den Skateplatz, weil wir dann zusammen etwas Neues ausprobieren können, beispielsweise eine Skater-AG oder einen Skate-Contest, also einen Wettkampf.

Juri: Einen Skateplatz finde ich sinnvoll, da unsere Schule vielfältige Sportangebote braucht. Bisher gibt es zum Beispiel nur Fußball und Basketball.

5 a. Markiere in den Aussagen jeweils die Argumente und Beispiele unterschiedlich.
b. Wähle ein anderes Pro-Argument aus und veranschauliche es durch ein Beispiel.

Um andere zu überzeugen, solltest du auch die Kontra-Argumente bedenken.

6 Welche Probleme könnte die Schulleitung nennen und was könntest du darauf erwidern? Wähle ein Kontra-Argument aus der Tabelle von Aufgabe 3 aus und mache Lösungsvorschläge.
Tipp: Du kannst folgende Formulierungen verwenden.

Sie werden vielleicht einwenden, dass … | *Ein Argument dagegen mag sein, dass …* | *Dem möchten wir entgegnen, dass …* | *Wir schlagen folgende Lösung dazu vor: …*

Die Schülervertretung hat abgestimmt und sich für den Skateplatz entschieden. Ein Mitglied der Schülervertretung schreibt dem Schulleiter einen Brief.

7 **a.** Verfasse einen Brief an den Schulleiter Herrn Stein. Schreibe in dein Heft.

▶ Einen Brief schreiben, S. 5

- Schreibe **Ort** und **Datum** rechts oben auf das Blatt.
- Wähle dann eine passende **Anrede**.
- Schreibe in einem **Einleitungssatz**, worum es geht.
- Formuliere eure **Meinung** und begründe sie mit mindestens drei überzeugenden **Argumenten**. Das stärkste Argument schreibst du zum Schluss.
- Veranschauliche mindestens ein Argument mit einem **Beispiel**.
- Nenne ein oder zwei mögliche **Probleme** und schlage **Lösungen** vor.
- Formuliere einen **Schlusssatz**.
- Schreibe einen **Gruß** unter den Brief.
- Setze deine **Unterschrift** unter den Gruß.

b. Überarbeite deinen Brief. Achte dabei besonders auf die richtige Schreibweise.

8 Was hättest du gerne: einen Skateplatz auf dem Schulhof oder eine Leseecke in der Pausenhalle?
- Schreibe deine Meinung (Zustimmung oder Ablehnung) auf.
- Begründe sie mit Argumenten.
- Veranschauliche mindestens ein Argument mit einem Beispiel.

Ein Tag im Betrieb – *sachlich berichten*

In diesem Kapitel berichtest du über den Girls'Day und Boys'Day. Bevor du dieses Kapitel bearbeitest, siehst du dir noch einmal den Schreib-Profi an. Er hilft dir, die Aufgaben Schritt für Schritt zu lösen.

Mit dem Schreib-Profi schreiben

Schritt 1: **Vor dem Schreiben** **Ich plane meinen Text.** **Ich mache Notizen (zum Beispiel Stichworte oder eine Gliederung).**	– Für wen schreibe ich? – Was will ich mit meinem Text erreichen? – Was will ich schreiben? – Welche Wörter oder Wortgruppen brauche ich?
Schritt 2: **Beim Schreiben** **Ich schreibe den Text.** **Ich kann Hilfen benutzen:** **– meine Notizen** **– die Checkliste** **– ein Wörterbuch**	– Was muss mein Text enthalten? – Was darf mein Text nicht enthalten? – Wie kann ich meinen Text aufbauen? – Wie formuliere ich meinen Text?
Schritt 3: **Nach dem Schreiben** **Ich überprüfe meinen Text mit der Checkliste.** **Ich lasse mir von anderen ein Feedback oder Tipps geben.** **Ich überarbeite meinen Text.**	– Erfüllt mein Text seinen Zweck? – Kann ich meinen Text lesen und verstehen? – Können andere meinen Text lesen und verstehen? – Sind alle Wörter richtig geschrieben?

Arbeitstechnik

Sachlich berichten

Ich kann über ein Ereignis oder zum Beispiel über einen Tag berichten.
Ich beantworte **knapp** und **genau** die **W-Fragen**:
- **Was** ist passiert? **Wer** war beteiligt?
- **Wann** geschah es? **Wo** geschah es? **Was** geschah der Reihe nach?
- **Warum** ist es geschehen? **Welche Folgen** ergeben sich?

Ich berichte nur die **wichtigen Dinge** und schreibe **sachlich**.
Ich halte die **Reihenfolge** der Ereignisse ein.
Ich schreibe im **Präteritum**.

Ein Tag im Kfz-Betrieb Seite 16
Ein Tag in der Zentralapotheke Seite 19
Ein Tag als Konditor Seite 22

Ein Tag im Kfz-Betrieb – sachlich berichten

Jette hat den Girls'Day in einem Kfz-Betrieb verbracht. Sie ruft ihre Freundin Karla an und erzählt ihr, wie es war.

Jette: Hallo Karla, stell dir vor, ich habe heute im Kfz-Betrieb Löwe gearbeitet.

Karla: Ist ja krass. Du und Autos. Was hast du denn gemacht?

Jette: Mia, eine nette Auszubildende mit coolem Style, hat mir gleich einen gebrauchten Pkw gezeigt, der für den Verkauf gecheckt werden sollte. Ich habe ihr geholfen, den Wagen zu kontrollieren und zu reinigen. Zuerst haben wir die Lichtanlage kontrolliert. Mia hat die Beleuchtung eingeschaltet und ich habe ihr gesagt, welche Lampen funzen und welche nicht. Dann hat Mia die Schrauben an den Rädern geprüft und festgezogen. Ich habe ihr dafür Werkzeug angereicht.

Karla: Da muss man sicher ziemlich viel Ahnung von Technik haben.

Jette: Ja. Das stimmt. Aber Mia hat es echt drauf. Wir haben eine kleine Probefahrt gemacht. Das Wetter war super! Dabei hat mir Mia alles Mögliche erzählt. Nachdem wir mittags in die Werkstatt zurückgekommen sind, habe ich den Pkw mit einem Hochdruckreiniger von außen abgespritzt.

Karla: Und was hast du sonst noch gemacht?

Jette: Bei einem anderen Auto hat Mia mir gezeigt, wie man Scheibenreiniger in die Scheibenwaschanlage füllt. Das habe ich dann bei diesem Pkw alleine gemacht. Irgendwann habe ich dann noch die Werkstatt gefegt. Das war voll staubig dort! Das war nicht mein Ding. Und plötzlich ist der Tag auch schon vorbei gewesen. Ich fand es klasse, in der Werkstatt zu helfen.

Karla: Du klingst ja wirklich ganz begeistert. Wir sehen uns dann morgen.

Jette möchte am nächsten Tag einen Bericht für die Schülerzeitung schreiben.

Schritt 1: Vor dem Schreiben

▶ Wissen kompakt, S. 15

1 Welche Tätigkeiten hat Jette in der Kfz-Werkstatt selbst ausgeführt?

a. Lies den Text und sieh dir die Bilder an.

b. Schreibe in Stichworten auf, was Jette gemacht hat. Ergänze dabei passende Zeitadverbien.

anschließend | danach | später | gegen Mittag | am Nachmittag | schließlich | zuletzt

zuerst ____________________

____

____

Der Bericht soll sachlich sein.

2 **a.** Lies noch einmal, was Jette erzählt, und streiche alle Informationen, die nicht in einen Bericht gehören.
b. Formuliere die folgenden Stellen neu. Berichte sachlich.

Ich habe ihr gesagt, welche Lampen funzen und welche nicht.

Mia hat es echt drauf.

Das war voll staubig dort.

Ein Bericht wird im Präteritum geschrieben.

3 **a.** In Jettes Erzählung sind fünf Verben im Perfekt hervorgehoben. Schreibe die Verben links in die Tabelle.
b. Finde im Text drei weitere Verben und trage sie ebenfalls ein.
c. Schreibe nun die Verbformen im Präteritum in die Tabelle.

Verben im Perfekt	Verben im Präteritum
haben kontrolliert	*kontrollierten*

Die Sätze in einem Bericht sollen miteinander verknüpft werden, damit Zusammenhänge deutlich werden.

weil, sodass, da, damit

4 Verbinde die Sätze mit einem passenden Verknüpfungswort.

Mia prüfte die Schrauben an den Rädern und zog sie fest. Ich reichte ihr dafür das Werkzeug.

Ich fegte die Werkstatt. Es war ganz schön staubig dort!

Schritt 2: Beim Schreiben

Du kannst nun für Jette über ihren Girls'Day berichten.

vor drei Tagen, im März, im Rahmen des Girls'Day, am 28.03.2019

5 **Wann** fand der Girls'Day statt? **Wo** war Jette?
Schreibe den Anfang des Berichts in dein Heft.
Berichte in der Ich-Form.

6 **Was** sah, lernte und machte Jette an diesem Tag?
Berichte. Verwende deine Ergebnisse aus den Aufgaben 1 bis 4.
Schreibe sachlich und im Präteritum.

7 **Wie** gefiel Jette der Tag in dem Kfz-Betrieb?
Welche Folgen hat der Tag für sie?
Formuliere ein oder zwei Sätze für den Schluss.

8 Schreibe eine passende Überschrift für den Bericht auf.

Schritt 3: Nach dem Schreiben

Du hast für Jette über ihren Tag berichtet. Nun kannst du deinen Text überarbeiten.

9 **a.** Überprüfe deinen Text mithilfe der Checkliste.
b. Überarbeite deinen Text.

Checkliste: Sachlich berichten	Ja	Noch nicht
Ich habe die **W-Fragen** beantwortet. Ich habe berichtet, – **wo** und **wann** der Girls'Day stattfand. – **wer** daran beteiligt war. – **was** der Reihe nach passierte. – **welche Folgen** der Tag hatte.	☐ ☐ ☐ ☐	☐ ☐ ☐ ☐
Ich habe in der richtigen Reihenfolge geschrieben und dazu die passenden Wörter und Wortgruppen benutzt.	☐	☐
Ich habe sachlich berichtet.	☐	☐
Ich habe im Präteritum geschrieben.	☐	☐
Ich habe eine passende Überschrift für den Bericht formuliert.	☐	☐

Ein Tag in der Zentralapotheke – sachlich berichten

Nils hat den Boys'Day in der Zentralapotheke des Krankenhauses verbracht. Am nächsten Tag unterhält er sich während der Pause mit einigen Mitschülern.

Nils: Also, der Boys'Day hat mir total gut gefallen.

Ilka: Wo hast du denn diesen Tag verbracht?

Nils: Ich bin in der Zentralapotheke des Krankenhauses gewesen und habe den Beruf des PTA kennengelernt.

Mika: PTA? Was ist das denn für ein Beruf?

Nils: Das ist eine Abkürzung und heißt wortwörtlich „Pharmazeutisch-Technischer Assistent".

Ilka: Und was hast du als PTA den ganzen Tag gemacht?

Nils: Also morgens habe ich echt lange auf meine Betreuerin gewartet. Die ist dann eine halbe Stunde später gekommen, da sie im Stau gestanden hatte. Das war echt nervig! Dann hat sie mich aber durch das Krankenhaus geführt und mir die unterschiedlichen Abteilungen gezeigt.

Mika: Bist du dort irgendwo eingesetzt worden?

Nils: Nein. Sie hat mich am Ende unseres Rundgangs zur Klinikapotheke gebracht. Hier haben zwanzig Mitarbeiter und vier Apotheker gearbeitet. Dort bin ich dann auch geblieben.

Ilka: Welche Aufgaben hast du denn in der Apotheke bekommen?

Nils: Zuerst hat mir die PTA die Arzneimittelausgabe gezeigt. Das sind wirklich viele Schränke mit Regalen gewesen. Dort habe ich eine Stunde unter Aufsicht das Verfallsdatum von Arzneimitteln kontrolliert.

Tom: Und dann?

Nils: Dann hat sie mir das Labor gezeigt. Da haben megaviele Werkzeuge und Geräte herumgestanden. Die braucht man z. B. für die Untersuchung von Lösungen, Tinkturen und Salben. Vom Labor sind wir in die Abteilung „Herstellung" gegangen. Dort hat man einige Medikamente, z. B. Lotionen und Salben, selbst angerührt, um sie preiswerter zu verkaufen. Hier habe ich dann endlich selbst etwas hergestellt, und zwar eine Flüssigseife. Als sie fertig angerührt war, habe ich sie in kleinere Plastikflaschen gefüllt und verschlossen. Dann habe ich erst mal meine Jeans reinigen müssen, auf die ich aus Versehen einiges von der Flüssigseife getropft hatte. Anschließend habe ich die Geräte, die ich benutzt habe, auch gereinigt. Insgesamt habe ich an diesem Tag viele interessante Dinge gesehen.

1 Begründe, warum Nils nicht sachlich berichtet, sondern seinen Tag erzählt.

____

____

Die Klasse von Nils möchte an einem Berufserkundungstag der Schule auf einer Wandzeitung über die Erfahrungen am Girls'- und Boys'Day informieren. Auch Nils möchte über diesen Tag berichten.

Schritt 1: Vor dem Schreiben

Nils erinnert sich an das Gespräch und prüft, welche Informationen für seinen Bericht wichtig sind.

▶ Wissen kompakt, S. 15

2 **a.** Streiche in dem Pausengespräch alle unwichtigen Informationen.
b. Was machte Nils an diesem Tag der Reihe nach? Wähle passende Zeitadverbien aus und schreibe die Tätigkeiten im Präteritum in der Ich-Form auf.

zuerst | anschließend | danach | dann | später | gegen Mittag | am Nachmittag | schließlich | zuletzt

____

____

____

____

____

____

____

____

Wenn du über ein Ereignis oder einen Tag berichtest, beantwortest du knapp und genau die W-Fragen.

3 Ergänze zu jeder W-Frage die passenden Informationen.

Was?	*Teilnahme*
Wer?	______________________________
Wann?	*Donnerstag, 28. März*
Wo?	______________________________
Warum?	______________________________
Welche Folgen?	______________________________

Nils hat einen Abschnitt entworfen. Er möchte ihn überarbeiten.

Ich habe den Boys'Day in der Zentralapotheke des Krankenhauses verbracht. Ich habe den Beruf des PTA, was „Pharmazeutisch-Technischer Assistent" bedeutet, kennengelernt.
Zuerst war es echt nervig, weil ich ewig auf die Betreuerin gewartet habe. Die Betreuerin hat mich durch das Krankenhaus geführt. Ich habe alle Abteilungen gesehen.
Blöd war auch, dass ich dort nichts machen konnte. In der Apotheke habe ich Arzneimittel überprüft. Ich habe mir das Verfallsdatum angesehen.
Da sind wirklich viele, viele Schränke und Regale in der Apotheke.

4 Verbessere den Entwurf von Nils und schreibe den überarbeiteten Absatz in dein Heft.
- Prüfe die unterstrichenen Sätze: Sind sie wichtig für den Bericht oder nicht? Formuliere sie gegebenenfalls neu.
- Verknüpfe Sätze, wenn sinnvoll, damit Zusammenhänge deutlicher werden.
- Schreibe im Präteritum.

Schritt 2: Beim Schreiben

5 Berichte über den Tag in der Zentralapotheke aus der Sicht von Nils. Schreibe den Bericht in dein Heft.
a. Informiere in der Einleitung darüber, was wann wo geschah und wer daran beteiligt war.
b. Nutze für den Hauptteil deine Ergebnisse aus den Aufgaben 2 bis 4.
c. Schreibe am Schluss, wie Nils der Tag gefiel und welche Schlussfolgerungen er für seine Berufswahl ziehen könnte.
d. Finde eine passende Überschrift.

Schritt 3: Nach dem Schreiben

6 **a.** Überprüfe deinen Text mithilfe der Checkliste.
b. Überarbeite deinen Text.

Checkliste: Sachlich berichten	Ja	Noch nicht
Ich habe die W-Fragen beantwortet: – Was? Wer? Wann? Wo? – Was geschah der Reihe nach? – Welche Folgen?	 ☐ ☐ ☐	 ☐ ☐ ☐
Ich habe knapp und genau formuliert.	☐	☐
Ich habe nur über wichtige Dinge berichtet und sachlich geschrieben.	☐	☐
Ich habe in der richtigen Reihenfolge berichtet.	☐	☐
Ich habe die Reihenfolge durch passende Zeitadverbien verdeutlicht.	☐	☐
Ich habe im Präteritum geschrieben.	☐	☐

Ein Tag als Konditor – sachlich berichten

In der kommenden Jahrbuchausgabe sollen Berichte über einen Arbeitstag im Rahmen des Boys'Day und Girls'Day veröffentlicht werden. Luca spricht mit Diljara über seine Erfahrungen.

Diljara: Hallo Luca, du hast im März am Boys'Day teilgenommen, nicht wahr?

Luca: Ja, ich habe einen Tag in einer Kuchen- und Tortenmanufaktur verbracht.

Diljara: Erzähl doch mal, wie dein Tag verlaufen ist. Wann hat er angefangen?

Luca: Da ich noch Schüler bin, habe ich erst um 8:00 Uhr angefangen.

Diljara: Und weiter?

Luca: Mein Betreuer, Herr Schulze, hat mir in einem kleinen Raum die Sicherheits- und Hygienevorschriften[1] erklärt. Ich habe gar nicht gewusst, dass die Arbeit mit einigen Maschinen gefährlich ist. Ich habe mir einen Kittel, eine Haube und Handschuhe übergezogen und bin dann mit meinem Betreuer mitgegangen. Ich habe ganz schön komisch ausgesehen in den Klamotten!

Diljara: Stimmt ja, besonderes Arbeitszeug braucht man ja auch …

Luca: Die Führung durch den Betrieb war wirklich interessant, weil ich die verschiedenen Geräte in den verschiedenen Werkstätten gesehen habe.

Diljara: Hast du eigentlich auch selbst etwas herstellen dürfen?

Luca: Ja. Nach der Führung hat mir eine Kollegin gezeigt, wie man eine Creme für eine Sahnetorte anrührt. Die Zutaten und ein Spezialcremepulver habe ich mit einem Mixer vermischt. Die Creme habe ich dann in ein größeres Kühlgerät gegossen. Dann habe ich einem Konditor bei der Fertigstellung der Sahnetorte zugesehen. Für die Feinarbeit benötigt man echt ein ruhiges Händchen.

Diljara: Was hast du noch gesehen?

Luca: Ich habe zunächst beobachtet, wie ein Biskuitteig[2] angerührt wurde. Dann habe ich selbst Teig fertiggestellt. Auch hier habe ich fertige Mischungen benutzt, die ich mit Milch und Eiern in einem großen Rührgerät vermischt habe.

Diljara: Was hast du noch erlebt?

Luca: Nachmittags habe ich einen Kollegen begleitet, der fertig verzierte Torten für eine Hochzeitsfeier ausgeliefert hat. Das sind viele Torten gewesen. Ich hatte echt Angst, dass ich eine der Torten fallen lasse! Wir sind erst nach einer Stunde zurückgekommen.

Diljara: Womit hast du deinen Tag beendet?

Luca: Zuletzt habe ich eine Probetorte mit Fondant[3] umhüllt und dann mit Sahne aus einem Spritzbeutel verziert. Das sieht leichter aus, als es ist! Um 16:30 Uhr habe ich mich von allen verabschiedet. Der Boys'Day hat mega Spaß gemacht.

1 die Hygienevorschriften: Regeln, wie z. B. das Tragen von Schutzkleidung, um Gefahren für die Gesundheit auszuschließen
2 das oder der Biskuit: Bezeichnung für eine Backware, bestehend aus Eischnee, Eigelb, Zucker und Mehl
3 das Fondant: weiche Zuckermasse, die gekocht zum Überziehen von Gebäck verwendet wird

Luca möchte einen Bericht über seinen Boys'Day für das Jahrbuch schreiben.

Schritt 1: Vor dem Schreiben

Luca erinnert sich an das Gespräch und prüft, welche Informationen für seinen Bericht wichtig sind.

▶ Wissen kompakt, S. 15

1 a. Streiche in dem Gespräch alle unwichtigen Informationen.
b. Was machte Luca an diesem Tag der Reihe nach? Füge Zeitadverbien hinzu und schreibe die Tätigkeiten im Präteritum und in der Ich-Form auf.

Für einen Bericht beantwortest du knapp und genau die W-Fragen.

2 a. Formuliere W-Fragen in deinem Heft.
b. Ergänze zu jeder W-Frage die passenden Informationen.

Die Reihenfolge der Ereignisse kannst du durch die Zeitformen Präteritum und Plusquamperfekt verdeutlichen.

3 Verbinde die nachfolgenden Sätze zu einem Satzgefüge. Schreibe im Präteritum und verwende in dem nachdem-Satz das Plusquamperfekt.

Ich habe um 8:00 Uhr angefangen. Mein Betreuer hat mir die Vorschriften erklärt.

Meine Kollegin hat mich durch die Halle geführt. Sie hat mir gezeigt, wie man eine Sahnecreme anrührt.

Luca erzählt zum Teil umgangssprachlich. Der Bericht muss sachlich sein.

4 a. Markiere drei Stellen in dem Gespräch, die umgangssprachlich formuliert sind.
b. Formuliere die Sätze um, sodass du sachlich berichtest.

In einem schriftlichen Bericht verwendest du keine wörtliche Rede.

5 Ersetze die wörtliche Rede, indem du die folgenden Sätze umformulierst. Schreibe die Sätze ohne wörtliche Rede auf.

Herr Schulze beauftragte mich: „Zieh bitte den Kittel, die Haube und die Handschuhe an, damit du geschützt bist und die Vorschriften eingehalten werden."

Herr Lauer bat mich: „Sei vorsichtig, wenn du die Torten aus dem Auto zum Kunden trägst."

Schritt 2: Beim Schreiben

Du kannst nun für Luca über seinen Boys'Day berichten.

6 Berichte über den Tag in der Konditorei aus der Sicht von Luca. Schreibe den Bericht in dein Heft.

7 Finde eine passende Überschrift, die das Ereignis knapp und genau benennt.

Schritt 3: Nach dem Schreiben

Du kannst nun für Luca über seinen Boys'Day berichten.

8 Überarbeite deinen Text.
a. Erstelle eine Checkliste: Sachlich berichten. Nutze dazu das Wissen kompakt von Seite 15.
b. Überarbeite anschließend deinen Text mithilfe deiner Checkliste.

Reisen ins All –
Sachtexte lesen und verstehen

In diesem Kapitel liest du einen Sachtext mit dem Lese-Profi. Er hilft dir, einem Sachtext Schritt für Schritt wichtige und interessante Informationen zu entnehmen.

Der Lese-Profi

Schritt 1: **Vor dem Lesen** **Ich sehe mir die Bilder an.** **Ich lese die Überschrift.**	– Welche Informationen geben mir die Bilder und die Überschrift? – Was könnte der Inhalt des Textes sein? – Was weiß ich schon über das Thema?
Schritt 2: **Beim ersten Lesen** **Ich lese den Text einmal durch.**	– Was fällt mir auf (z. B. einige Wörter sind fett gedruckt, es gibt Abschnitte, weitere Überschriften)? – Was weiß ich nun über den Inhalt des Textes?
Schritt 3: **Beim genauen Lesen** **Ich lese den Text genau: Satz für Satz und Abschnitt für Abschnitt.**	– Welche Informationen erhalte ich in den Abschnitten? – Was sind wichtige Wörter – Schlüsselwörter? – Kann ich die W-Fragen beantworten? – Welche Wörter verstehe ich nicht? Wo finde ich Erklärungen?
Schritt 4: **Nach dem Lesen** **Ich arbeite mit dem Inhalt des Textes.**	– Welche Informationen sind für mich wichtig? – Wie kann ich diese Informationen wiedergeben? – Was soll ich mit diesen Informationen machen?

Arbeitstechnik

Einen informativen Text schreiben
- Ich sammle Informationen aus Sachtexten zum Thema und bringe sie in eine **sinnvolle Reihenfolge**.
- Ich wähle eine **Überschrift** aus, die neugierig macht.
- Ich benenne in der **Einleitung** das Thema meines Textes.
- Ich schreibe den **Hauptteil** sachlich und verständlich.
- Im **Schlussteil** kann ich zum Beispiel meine eigene Meinung äußern und erklären, was mich an dem Thema besonders interessiert hat.
- Ich ergänze passende Bilder, die meinen Text noch anschaulicher machen.
- Ich überprüfe und überarbeite meinen Text.

Essen im All – Sachtexte lesen und verstehen

In dem folgenden Text erfährst du, wie sich Astronauten im All versorgen. Der Lese-Profi hilft dir beim Lesen und Verstehen des Textes.

Schritt 1: Vor dem Lesen
Ich sehe mir die Bilder an. Ich lese die Überschrift.

1 a. Sieh dir die Bilder an und lies die Überschrift.
b. Was könnte der Inhalt des Textes sein? Schreibe deine Vermutung auf.

____

____

Schritt 2: Beim ersten Lesen
Ich lese den Text einmal ganz durch.

2 Lies den Text einmal im Ganzen durch.
Was findest du interessant?

____

____

Eine einzigartige Weltraummission

(1) ______________________________

Stell dir vor, du bist 400 km vom nächsten Supermarkt entfernt und bekommst Hunger. So ähnlich ergeht es den Astronauten, die sich auf der Internationalen Raumstation (ISS) aufhalten. Sie befinden sich zwischen 330 und 435 km über der Erde und müssen natürlich auch essen und trinken. Daher müssen die Astronauten regelmäßig mit Nahrungsmitteln und anderen wichtigen Gütern versorgt werden. Transporter starten in regelmäßigen Abständen von ein paar Monaten von der Erde aus ins All, um Trinkwasser, Lebensmittel und andere Dinge zu bringen und um den Müll der Astronauten wieder mitzunehmen. Denn auch das muss erledigt werden. Man hat errechnet, dass jeder Astronaut ca. 15 Kilogramm an Gütern pro Tag benötigt. Ein Teil davon sind Lebensmittel. Doch was essen Astronauten so weit entfernt von der Erde?

(2) ______________________________

Die Zeiten sind vorbei, in denen Lebensmittelpaste in Tuben oder Happen in Würfelform zur Versorgung der Astronauten dienten. Die Nahrung im All unterscheidet sich kaum noch von der Nahrung auf der Erde. Obst, Getränke, Milchprodukte oder andere Lebensmittel sind heute selbstverständlich, jedoch sind fast alle diese Lebensmittel gefriergetrocknet. Das bedeutet, dass ihnen auf der Erde Wasser entzogen wurde. So sind sie leichter und kompakter für den Transport und halten sich länger. Auf der Raumstation muss dann nur noch das Wasser wieder hinzugegeben werden. Anschließend erhitzt man sie und hat ein ähnliches Essen wie auf der Erde. Zum Besteck gehört auch immer eine Schere zum Aufschneiden der Behälter, in denen sich das Essen befindet. Besonders vorsichtig muss ein Astronaut sein, wenn er eine Suppe löffelt. Wenn er nicht aufpasst, kann sie vom Löffel schweben. Speisen, die krümeln, sind verboten. Die Krümel könnten Geräte verstopfen und die Elektronik beschädigen.

(3) ______________________________

Für jeden Astronauten gibt es auf der Raumstation drei Mahlzeiten pro Tag sowie einige Snacks für zwischendurch. Mittlerweile kann man aus über **100 verschiedenen Speisen wählen** und es ist für jeden Geschmack etwas dabei. Ein Problem ist, dass die Nahrung in der Schwerelosigkeit **anders schmeckt** als auf der Erde. Sie muss viel stärker gewürzt werden. Aber ganz spontan eine Pizza oder einen Hamburger zu essen, ist nicht möglich. Denn die Astronauten müssen ihre **Tagesmenüs auswählen**, bevor sie ins All fliegen. Oft essen die Astronauten gemeinsam oder laden sich gegenseitig ein.

3 Notiere drei Unterschiede zwischen der Nahrungsaufnahme im All und auf der Erde.

____

____

____

Schritt 3: Beim genauen Lesen
Ich lese den Text genau: Satz für Satz und Abschnitt für Abschnitt.

4 Der Text ist in drei Abschnitte unterteilt. Wähle zu jedem Abschnitt eine passende Überschrift aus oder schreibe eine eigene auf die Linie über den Abschnitt.

Die Zubereitung der Nahrung | *Die Nahrung der Astronauten* | *Die Versorgung der Raumstation*

5 Schreibe zu jedem Abschnitt einen Satz auf.

Abschnitt 1, Zeilen 1–12:

____

Abschnitt 2, Zeilen 13–26:

____

Abschnitt 3, Zeilen 27–34:

____

6 Der Text enthält viele interessante Informationen.
a. Beantworte die folgenden W-Fragen, um sie zu ermitteln.

– **Wie** weit ist die Raumstation von der Erde entfernt?

– **Wie** werden die Lebensmittel zur Raumstation gebracht?

– **Was** essen die Astronauten?

– **Welche** Besonderheiten gibt es für die Astronauten mit der Ernährung?

b. Stelle noch eine weitere W-Frage und beantworte sie.

7 Was bedeuten die folgenden Wörter?
a. Finde die Wörter im Text und ergänze die genaue Zeilenangabe.
b. Versuche, die Wörter aus dem Textzusammenhang zu erklären.

ISS (Zeile):

Transporter (Zeile):

gefriergetrocknet (Zeile):

Schritt 4: Nach dem Lesen
Ich arbeite mit dem Inhalt des Textes.

8 Deine Klasse erstellt eine Wandzeitung zum Thema „Leben im All". Du möchtest für diese Wandzeitung einen Beitrag zum Thema „Essen im All" verfassen.
a. Schreibe einen eigenen kurzen Text mit den Informationen, die du über das Essen im All gesammelt hast. Schreibe den Text in dein Heft.
b. Wähle ein interessantes Foto, das deine Informationen unterstützt.
c. Überlege dir, wie du deinen Beitrag möglichst interessant und übersichtlich gestaltest.

9 Überarbeite deinen Text mithilfe folgender Fragen:
- Enthält mein Text alle wichtigen Informationen über das Essen im All?
- Habe ich eine interessante Überschrift gewählt?
- Habe ich alle Wörter richtig geschrieben?
- Habe ich ein interessantes Bild für meinen Beitrag gewählt?
- Ist mein Beitrag übersichtlich und spannend gestaltet?

Spaziergang im All – Sachtexte lesen und verstehen

In dem folgenden Text erfährst du, wie sich Astronauten außerhalb ihrer Raumstation bewegen. Der Lese-Profi hilft dir beim Lesen und Verstehen.

Schritt 1: Vor dem Lesen
Ich sehe mir die Bilder an. Ich lese die Überschrift.

1 **a.** Was könnte der Inhalt des Textes sein? Schreibe deine Vermutung auf.

____

b. Was weißt du schon über das Thema?

____

____

Schritt 2: Beim ersten Lesen
Ich lese den Text einmal ganz durch.

2 Lies den Text einmal ganz durch. Was findest du interessant?

____

____

Die Reparatur des Weltraumteleskops Hubble – (K)Ein Spaziergang im All

(1) Sicher hast du bereits etwas über **Weltraumspaziergänge** von Astronauten gehört. Dabei müssen die Astronauten ihre sichere Station bzw. ihre Raumfähre verlassen, um bestimmte Arbeiten zu erledigen. Aber anders als Spaziergänge auf der Erde sind die im All sehr **anstrengend** und oftmals auch **gefährlich**. Eine solche Außenarbeit war die **Reparatur des Hubble-Weltraumteleskops**.

(2) Das Hubble-Weltraumteleskop wurde **1990 im All ausgesetzt** und dient den Forschern als **Fernrohr** ins All. Die Forscher erhoffen sich **neue Erkenntnisse** über andere Planeten in unserem Sonnensystem, entfernte Galaxien oder auch das Alter des Universums. Leider stellte sich schnell heraus, dass die **Bilder**, die Hubble aufnahm, nicht sehr scharf und somit **unbrauchbar** waren. Während man anfänglich überlegte, Hubble aufzugeben, entschied man sich später dazu, das Weltraumteleskop im All zu reparieren.

(3) Das Problem an dem Teleskop Hubble war der Hauptspiegel, der nicht perfekt geschliffen war. Vereinfacht dient ein Hauptspiegel in einem Teleskop dazu, das von außen eingefangene Licht zu bündeln. Dieses gebündelte Licht wird zu einem kleineren Fangspiegel gelenkt, der dann das Licht nach außen führt, sodass es für

das menschliche Auge gut sichtbar ist. Das Licht gibt schließlich das beobachtete Objekt als Bild wieder. Hat nun ein Spiegel kleine Unebenheiten, wird das Licht nicht gut gebündelt und das beobachtete Objekt erscheint unscharf. Bei Hubble hatte der Hauptspiegel einen Schlifffehler von 2 Mikrometern. Ein Menschenhaar ist zum Vergleich ca. 50-mal dicker. Wenn man nun bedenkt, dass Hubble ca. so groß und so schwer ist wie ein Omnibus, kann man sich kaum vorstellen, dass dieser Fehler große Wirkung hatte.

(4) 1993 starteten einige Astronauten mit einem Space-Shuttle ins All, um Hubble zu reparieren. Sie bauten ein Gerät ein, das den Schlifffehler korrigierte. Der Einsatz galt als sehr gefährlich, weil die Raumfahrer mit den teilweise scharfen und spitzen Geräten ihre Weltraumanzüge beschädigen konnten. Der Einsatz dauerte insgesamt fast 40 Stunden und war in der Schwerelosigkeit sehr mühsam. Von einem Spaziergang kann also keine Rede sein. Aber die neuen und scharfen Bilder, die Hubble nach der Reparatur aufnahm, waren die Mühe wert.

3 Schreibe drei interessante Informationen über die Reparatur von Hubble auf.

____

____

____

Schritt 3: Beim genauen Lesen
Ich lese den Text genau: Satz für Satz und Abschnitt für Abschnitt.

In einem Abschnitt steht, was inhaltlich zusammengehört.

4 Der Text ist in vier Abschnitte unterteilt.
a. Gib an, zu welchem Abschnitt die Bilder jeweils passen.

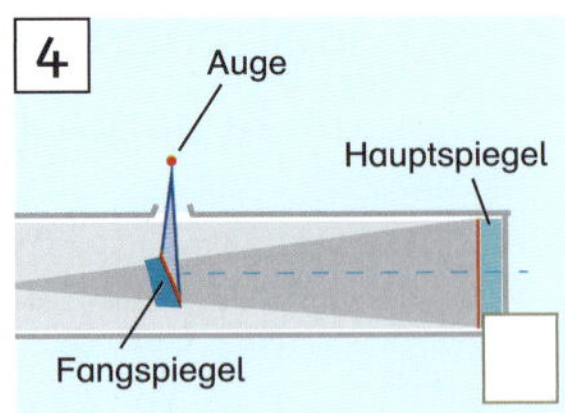

b Schreibe passende Textstellen oder je einen eigenen Satz dazu auf.

Foto 1: ______________________________

Foto 2: ______________________________

Foto 3: ______________________________

Foto 4: ______________________________

Schlüsselwörter sind zum Verstehen des Textes besonders wichtig.

5
a. Lies noch einmal die Schlüsselwörter in den ersten beiden Abschnitten.
b. Finde für die beiden letzten Abschnitte Schlüsselwörter und markiere sie.
c. Schreibe zu jedem Abschnitt eine W-Frage auf, die in diesem Abschnitt beantwortet wird.

(1) *Wie funktionieren Weltraumspaziergänge?* ______

(2) ______

(3) ______

(4) ______

Oft kannst du unbekannte Wörter aus dem Textzusammenhang klären.

6 Was bedeuten die folgenden Wörter?
a. Finde die Wörter im Text und ergänze die genaue Zeilenangabe.
b. Versuche, die Wörter aus dem Textzusammenhang zu erklären.
c. Notiere weitere unbekannte Wörter und schlage sie nach.

Schlifffehler (Zeile ___): ______

Mikrometer (Zeile ___): ______

Galaxie (Zeile ___): ______

______

______

Schritt 4: Nach dem Lesen
Ich arbeite mit dem Inhalt des Textes.

7 Du möchtest deine Mitschüler über die Besonderheiten des Weltraumspaziergangs informieren. Schreibe einen informativen Text über Weltraumspaziergänge.
a. Wähle eine Überschrift, die Leser neugierig macht.
b. Stelle in der Einleitung das Thema des Textes vor.
c. Nutze für den Hauptteil deine Ergebnisse aus den Aufgaben 2 bis 5.
d. Was hat dich am Thema „Weltraumspaziergang" besonders beeindruckt? Schreibe dazu einige Sätze in deinen Schlussteil.

8 Überarbeite deinen Text mithilfe folgender Fragen:
- Enthält mein Text alle wichtigen Informationen über Weltraumspaziergänge?
- Habe ich eine interessante Überschrift gewählt?
- Habe ich alle Wörter richtig geschrieben?
- Habe ich ein interessantes Bild für meinen Beitrag gewählt?
- Ist mein Beitrag übersichtlich und spannend gestaltet?

Schwerelosigkeit im All – Sachtexte lesen und verstehen

In dem folgenden Text erfährst du, was Schwerelosigkeit ist und wie Astronauten in ihr leben. Vor dem Lesen schaust du dir die Schritte des Lese-Profis an.

1 Wende die Schritte 1 und 2 des Lese-Profis an.
- **a.** Sieh dir das Bild an und lies die Überschrift.
- **b.** Notiere, worüber der Sachtext vermutlich informiert.

- **c.** Lies nun den Sachtext als Ganzes.

Die Schwerelosigkeit im All

Wahrscheinlich hast du bereits etwas über die Schwerelosigkeit im All gehört oder gelesen. Tätigkeiten, die für uns auf der Erde selbstverständlich sind, wie z.B. Laufen, Springen, Sporttreiben oder Sitzen, sind im All aufgrund der Schwerelosigkeit nicht so einfach möglich. Denn sobald sich Astronauten im All befinden, hält sie nichts mehr am Boden und sie schweben umher. Aber auch Gegenstände erscheinen auf einmal federleicht, fliegen umher und lassen sich mühelos bewegen, ganz gleichgültig, wie schwer sie auf der Erde sind. Der Grund für dieses Phänomen nennt sich Schwerelosigkeit. Doch wie kommt dieses Phänomen zustande?

Alle Körper üben eine Anziehungskraft auf andere Körper aus. Ist nun ein Körper so groß wie unsere Erde, dann ist die Anziehungskraft sehr stark. Auf der Erde führt dies dazu, dass wir nicht frei schweben können, sondern immer am Boden bleiben müssen und Gegenstände für uns oftmals schwer sind. Man nennt diese Anziehungskraft deshalb auch Schwerkraft. Doch nicht nur die Größe eines Körpers ist für die Schwerkraft verantwortlich, sondern auch die Entfernung zwischen ihm und einem anderen Körper. Astronauten auf der Internationalen Raumstation ISS sind ca. 350 km von der Erde entfernt. Diese Entfernung reicht aber nicht aus, um die Schwerkraft zu überwinden. Doch warum schweben dann Astronauten im All, obwohl sie eigentlich von der Schwerkraft der Erde angezogen werden?

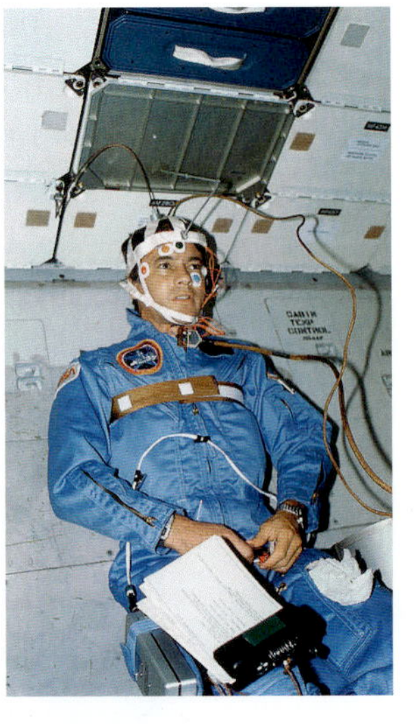

Hier muss eine zweite Kraft betrachtet werden, die auf die Astronauten wirkt. Man nennt diese Kraft Fliehkraft. Denn die ISS rast mit ca. 25 000 km/h um die Erde. Bei dieser Geschwindigkeit müsste sie eigentlich aus der Umlaufbahn geschleudert werden. Du kennst diesen Effekt bestimmt, wenn du in einem Karussell nach außen gedrückt wirst. Aber die ISS wird von der Anziehungskraft der Erde festgehalten. Sind nun die Anziehungskraft der Erde und die Fliehkraft genau gleich stark, kommt es zur Schwerelosigkeit. Alles schwebt, wie von einer unsichtbaren Hand bewegt, umher.

Doch so lustig die Schwerelosigkeit auch wirken mag, sie hat für uns Menschen auch Nachteile und ist nicht ungefährlich. Wenn man ihr zu lange ausgesetzt ist, kommt es zu Muskelschwund und Osteoporose, d.h., unsere Knochen bauen sich allmählich ab. Denn Muskeln und stabile Knochen haben wir nur, weil wir ständig gegen die Schwerkraft der Erde arbeiten müssen. Auch fließt das Blut anders durch unsere Adern und sammelt sich stärker im Kopf, als es dies auf der Erde macht. Dadurch ergeben sich oft Kopfschmerzen. Und da es in der Schwerelosigkeit weder oben noch unten gibt und man frei umherschwebt, fühlt man sich desorientiert und unwohl. Dieses Phänomen nennt man Raumkrankheit. Damit all dies den Astronauten nicht passiert und sie fit bleiben, müssen sie täglich mehrere Stunden mit speziellen Geräten trainieren. So gewöhnen sie sich auch wieder schneller an die Schwerkraft, wenn sie aus dem All zurückkehren.

2 Notiere: Was erfährst du Neues über die Schwerelosigkeit?

Beim genauen Lesen erschließt du dir den Inhalt des Textes noch besser.
Die Einteilung in Abschnitte und die Klärung unbekannter Wörter helfen dabei.

3 Wende Schritt 3 des Lese-Profis an.

4 Der Text ist in vier Abschnitte unterteilt.
a. Ergänze in der Tabelle die Zeilenangaben und notiere Stichworte zu jedem Textabschnitt.
b. Formuliere für jeden Abschnitt eine Zwischenüberschrift.

Textabschnitt	Argumente	Zwischenüberschrift
Z. 1–10	*– Tätigkeiten auf der Erde sind anders als im All* *– im All schwebt man umher* *– Schwerelosigkeit als Ursache*	
Z. 11–		

5 **a.** Erkläre die folgenden Fachwörter mit eigenen Worten:

die Schwerkraft: ______________________________

die Fliehkraft: ______________________________

b. Finde weitere Fachwörter im Text und erkläre sie mit eigenen Worten.

____

____

____

6 **a.** Beantworte folgende Fragen zum Text in Stichworten.

Was ist Schwerelosigkeit?

____

____

____

Was bezeichnet man als Raumkrankheit?

____

____

____

b. Formuliere zwei weitere Fragen und beantworte sie mithilfe des Textes.

____

____

____

____

Nach dem Lesen arbeitest du mit den Informationen aus dem Text weiter.

7 Du möchtest deine Mitschülerinnen und Mitschüler über die Besonderheiten der Schwerelosigkeit informieren. Schreibe einen informativen Text über Schwerelosigkeit.
Tipp: Deine Ergebnisse aus den Aufgaben 2 bis 6 sowie das Wissen kompakt auf der Seite 25 helfen dir weiter.

8 Überarbeite deinen Text mithilfe folgender Fragen:
- Enthält mein Text alle wichtigen Informationen über Schwerelosigkeit?
- Habe ich eine interessante Überschrift gewählt?
- Habe ich alle Wörter richtig geschrieben?
- Habe ich ein interessantes Bild für meinen Beitrag gewählt?
- Ist mein Beitrag übersichtlich und spannend gestaltet?

Von Tieren und Menschen – *Fabeln lesen und verstehen*

Fabeln sind kurze Erzählungen, in denen Tiere mit unterschiedlichen, meist gegensätzlichen Eigenschaften vorkommen.
Die Tiere in einer Fabel handeln und sprechen wie Menschen.
Oft steht am Ende einer Fabel eine Lehre für das Verhalten von Menschen.

Fabeln haben meist folgenden Aufbau:

die Ausgangssituation **Zwei Tiere treffen aufeinander. Sie geraten in einen Konflikt oder vereinbaren eine Probe/Aufgabe/Wette.**	Der Hase und die Schildkröte veranstalteten einen Wettlauf, wer der Schnellere sei.
die Handlung **Das eine Tier handelt/spricht.**	Der Hase, der sich für schneller hielt, kümmerte sich nicht um den Lauf und legte sich am Wegrand schlafen.
die Gegenhandlung **Das andere Tier reagiert darauf / entgegnet etwas.**	Die Schildkröte gönnte sich jedoch keine Pause, da sie um ihre Langsamkeit wusste, und überholte den Hasen.
das Ergebnis **Der Konflikt oder die Probe/Aufgabe/Wette wird (ein)gelöst. Zum Schluss wird oft eine Lehre (häufig als Sprichwort oder Redewendung) genannt.**	So gewann die Schildkröte das Rennen. *Wer zuletzt lacht, lacht am besten.*

Arbeitstechnik

Eine Fabel schreiben

- Ich habe Tiere mit **unterschiedlichen Eigenschaften** ausgewählt, die handeln und sprechen wie Menschen.
- Ich habe die **vier Abschnitte** (Ausgangsituation – Handlung – Gegenhandlung – Ergebnis) einer Fabel berücksichtigt.
- Die **Überschrift** benennt die **zwei Tiere** der Fabel.
- Ich habe **treffende Adjektive** und Verben sowie **abwechslungsreiche Satzanfänge** verwendet.
- Ich habe beim Schreiben das **Präteritum** verwendet.
- Ich habe **wörtliche Rede** eingebaut.

Das Pferd und der Esel – eine Fabel untersuchen und schreiben

In dieser Fabel begegnen sich zwei ähnliche, aber doch unterschiedliche Tiere.

1 **a.** Sieh dir die Bilder an und lies die Überschrift.
b. Schreibe deine Vermutung zum Inhalt der Fabel auf.

▶ Der Lese-Profi, S. 25

Das Pferd und der Esel *nach Äsop*

Ein Kaufmann hatte schwere Lasten zu transportieren. Er teilte sie auf und belud je zur Hälfte seinen Esel und sein Pferd. Es war ein heißer Tag und bald begann der Esel unter dem Gewicht zu stöhnen. Er sagte zum Pferd: „Du bist viel stärker als ich. Nimm mir bitte etwas meiner Last ab, sonst schaffe ich den Weg nicht mehr weiter." Das Pferd antwortete: „Das ist nicht mein Problem. Ich trage nicht mehr."

Kurze Zeit später brach der Esel zusammen und starb. Der Kaufmann wusste keine andere Lösung, als die Last des Esels zusätzlich dem Pferd aufzubürden[1]. Er zog dem verstorbenen Esel noch das Fell ab und lud es ebenfalls auf den Rücken des Pferds. So hatte er noch einen Vorteil von dem Tier. Das Pferd war nun für den Rest des Weges mit an die Grenzen seiner Kraft beladen. Zu spät erkannte es, dass es klüger gewesen wäre, dem Esel einen kleinen Teil seiner Bürde[2] abzunehmen.

1 aufbürden: aufladen
2 die Bürde: die Last, das Gepäck

2 Beschreibe, in welcher Situation sich das Pferd und der Esel zu Beginn der Fabel befinden.

3 Wie endet die Fabel? Ergänze ein passendes Wort vom Rand.

Das Pferd ____________, dem Esel nicht geholfen zu haben.

freut sich, ärgert sich, bedauert

4 Was könnte das Pferd denken, als der Esel zusammenbricht? Schreibe in der Ich-Form.

5 Wie verhalten sich die beiden Tiere?
Ordne jedem Tier passende Eigenschaften zu.
Du kannst Adjektive vom Rand verwenden oder eigene finden.

stark, schwach, hartherzig, stur, erschöpft, egoistisch

der Esel: ____________________

____

das Pferd: ____________________

____

6 Wie ist die Fabel aufgebaut?
a. Ordne folgenden Abschnitten Textstellen zu. Trage die Zeilenangaben ein.
b. Beantworte die Fragen zu den Abschnitten in Stichworten.

Die Ausgangssituation (Z. 1 – 4): Worin besteht das Problem?

____

____

Die Handlung (Z.___ – ___): Was sagt oder um was bittet der Esel?

____

____

____

Die Gegenhandlung (Z.___ – ___): Was sagt oder was macht das Pferd?

____

____

____

Das Ergebnis (Z.___ – ___): Wie endet die Fabel?

____

____

7 Was kannst du aus der Fabel lernen?
Kreuze eine passende Lehre an.

- ☐ Wenn man rechtzeitig hilft, kann man oft Schaden abwenden.
- ☐ Wer zuletzt lacht, lacht am besten.
- ☐ Ein jeder trage des andern Last.

Nun kannst du eine eigene Fabel zum Thema „Gegenseitige Hilfe" planen und schreiben.

Wähle aus den beiden folgenden Aufgaben 8 1 oder 8 2 eine aus.

8 1 Schreibe eine Fabel mithilfe der Bilder.

8 2 Denke dir eine eigene Fabel zum Thema „Gegenseitige Hilfe" aus.

9 Notiere Stichworte zu den Abschnitten deiner Fabel.

Die Ausgangssituation: ______________________________

____

Die Handlung: ______________________________

____

Die Gegenhandlung: ______________________________

____

Das Ergebnis: ______________________________

____

10 Schreibe die Fabel in dein Heft. Verwende das Präteritum.

11 Überprüfe die Fabel mithilfe der Checkliste.

Checkliste: Eine Fabel schreiben

	Ja	Noch nicht
Ich habe Tiere mit unterschiedlichen Eigenschaften ausgewählt, die handeln und sprechen wie Menschen.	☐	☐
Ich habe die vier Abschnitte einer Fabel berücksichtigt: Ausgangssituation, Handlung, Gegenhandlung, Ergebnis.	☐	☐
Die Überschrift benennt die Tiere meiner Fabel.	☐	☐
Ich habe beim Schreiben das Präteritum verwendet.	☐	☐
Ich habe treffende Verben und Adjektive verwendet.	☐	☐
Ich habe wörtliche Rede verwendet.	☐	☐

Der Fuchs und der Storch – eine Fabel deuten und schreiben

1 Lies die Fabel aufmerksam.

▶ Der Lese-Profi, S. 25

Der Fuchs und der Storch *Äsop*

Der Fuchs hatte einen Storch zu Gast gebeten und setzte ihm die köstlichsten Speisen vor. ______________

Er verwendete jedoch nur ganz flache Schüsseln, aus denen der Storch mit seinem langen Schnabel nichts fressen konnte. Gierig fraß der Fuchs alles allein, obgleich er den Storch unaufhörlich bat, es sich doch schmecken zu lassen. Der Storch fühlte sich betrogen, behielt aber trotzdem seinen Frohsinn, trug es mit Fassung und lobte außerordentlich die Bewirtung. ______________

Am nächsten Tag bat er seinen Freund zum Essen zu sich. Als der Fuchs zum Storch kam, fand er ebenfalls die leckersten Gerichte aufgetischt, jedoch nur in Gefäßen mit langen Hälsen und schmaler Öffnung. „Mach es so wie ich", sprach der Storch, „und fühle dich wie bei dir." Und er schlürfte mit seinem Schnabel ebenfalls alles allein, während dem Fuchs nur die guten Gerüche zuteilwurden. ______________

Hungrig stand er vom Tisch auf und musste sich eingestehen, dass ihn der Storch für seinen Mutwillen[1] ausreichend gestraft habe. ______________

1 Mutwillen: absichtliche Bosheit

2 Ordne den Textabschnitten die vier Bausteine zum Aufbau einer Fabel zu und trage sie am Rand ein.

Ergebnis, Handlung, Ausgangssituation, Gegenhandlung

3 Beantworte die Fragen zum Inhalt der Fabel.

a. Welche Tiere kommen in der Fabel vor? ______________

b. Was ist die Ausgangssituation? ______________

____

c. Was ist die Handlung? ______________

____

d. Was ist die Gegenhandlung? ______________

____

e. Wie endet die Fabel? ______________

____

4 Was geht den Tieren bei dem Besuch des jeweiligen anderen Tiers durch den Kopf? Schreibe mögliche Gedanken in die Sprechblasen.

5 Wie verhalten sich die Tiere?
Schreibe zu jedem Tier die Eigenschaften auf, die zu ihm passen.
Tipp: Nicht alle Eigenschaften sind passend!

sorglos | erhaben | heuchlerisch | lügnerisch | unehrlich | gerecht | gutgläubig | schlau | hinterlistig | zufrieden | freundlich | klug | arrogant | egoistisch | einsichtig | gelassen

Fuchs: ______________________________

Storch: ______________________________

Fabeln regen oft zum Nachdenken an und kritisieren menschliches Verhalten.

6 Welche menschlichen Eigenschaften werden mit dieser Fabel kritisiert?

____

____

Fabeln enthalten oft eine Lehre, die sich auch in einem Sprichwort oder einer Redewendung zusammenfassen lässt.

7 Welche Lehre passt zu dieser Fabel?

a. Kreuze die passende Lehre an.

- ☐ Was du nicht willst, das man dir tu, das füg' auch keinem anderen zu.
- ☐ Der Klügere gibt nach.

b. Begründe in deinem Heft, warum du dich für diese Lehre entschieden hast.

Bearbeite entweder Aufgabe 8 1 oder 8 2. Schreibe in dein Heft.

8 1 Hast du bereits eine ähnliche Situation oder eine andere Situation, die aber zu der Lehre passt, erlebt? Schreibe sie auf.

8 2 Erfinde eine Alltagsgeschichte, die zu der Fabel und der Lehre passt.

Nun kannst du eine eigene Fabel planen, schreiben und überarbeiten.

9 Lies die Lehre und betrachte das Bild.
Entscheide, ob du zu dem Bild **oder** zu der Lehre eine eigene Fabel schreiben möchtest.
Kreuze an.

Wenn zwei sich streiten, freut sich der Dritte.
☐

☐

10 Fertige auf den Linien Notizen zum Inhalt deiner Fabel an.

Zwei Tiere: ______________________________

____

Ausgangssituation: ______________________________

____

Handlung: ______________________________

____

____

Gegenhandlung: ______________________________

____

____

Das Ergebnis: ______________________________

____

Lehre: ______________________________

____

11 Schreibe deine Fabel in dein Heft.

12 Kontrolliere deine Fabel mithilfe der Arbeitstechnik auf Seite 35 und überarbeite sie anschließend.

Der Rabe und der Fuchs – eine Fabel deuten und schreiben

In dieser Fabel begegnen sich zwei Tiere.

1 Lies die Fabel aufmerksam.

Der Rabe und der Fuchs *Jean de La Fontaine*

Herr Rabe saß oben im höchsten Geäst
und hielt einen Käse im Schnabel fest.
Herr Fuchs hat den Käse sofort gerochen
und ungefähr so zu dem Rabe gesprochen:
„He, hallo, mein lieber Herr von Rabenstein.
Ach, sind Sie hübsch! Nein, sind Sie fein!
Im Ernst, wenn Ihre Lieder so sind wie Ihr Gefieder[1],
dann sind Sie im Walde der Phönix[2] am Platz."
Den Raben begeistert der ehrliche Satz;
und stolz seinen schönen Gesang im Sinn,
öffnet weit er den Schnabel, der Käse fällt hin!
Der Fuchs, der schnappt ihn sich und sagt:
„Sie sehn, mein guter Herr, und Sie verstehn,
dass jeder Schmeichler stets auf Kosten dessen fährt,
der auf ihn hört. Die Lektion ist wohl ein Käse wert."
Und es schwor der Rabe, beschämt und verwirrt,
ein bisschen zu spät, dass ihn keiner mehr kirrt.

1 Gefieder: alle Federn eines Vogels
2 Phönix: sinngemäß: unsterblicher Vogel

2 Was ist mit dem Wort „kirrt" gemeint? Beende den Satz.

Der Rabe schwor, dass ihn niemand mehr ______________________________

____.

3 Weise den typischen Aufbau einer Fabel nach.
a. Umrande im Text die vier Bausteine einer Fabel:
Ausgangssituation: grün, Handlung: rot, Gegenhandlung: blau, Ergebnis: orange.
b. Notiere hinter jedem Baustein die entsprechenden Zeilenangaben.
c. Wovon handelt die Fabel? Schreibe ein bis zwei Sätze zu jedem Baustein.

Die Ausgangssituation (Z. *1* – ___): ______________________________

____

Die Handlung (Z. ___ – ___): ______________________________

____

____

Die Gegenhandlung (Z. ___ – ___): ______________________________

____

____

Das Ergebnis (Z. ___ – ___): ______________________________

____

4 Wie verhalten sich die beiden Tiere?
Welche Eigenschaften kann man ihnen dadurch zuordnen?
a. Schreibe zu den folgenden Textstellen das Verhalten des Fuchses auf.

Z. 5–8: *Der Fuchs schmeichelt …* ______________________________

Z. 13–15: ______________________________

Eigenschaften: ______________________________

b. Suche passende Eigenschaften (Adjektive) dazu und notiere sie.
c. Schreibe zu den folgenden Textstellen das Verhalten des Raben auf.

Z. 9–11: ______________________________

Z. 16–17: ______________________________

Eigenschaften: ______________________________

d. Suche passende Eigenschaften (Adjektive) dazu und notiere sie.

In Fabeln werden häufig menschliche Verhaltensweisen kritisiert.

5 Wie bewertest du das Verhalten des Fuchses und des Raben? Begründe deine Meinung.

____

____

____

Fabeln enthalten oft eine Lehre, die sich auch in einem Sprichwort oder einer Redewendung zusammenfassen lässt.

6 Formuliere eine passende Lehre zu der Fabel.

____

Bearbeite entweder Aufgabe 7 1 oder 7 2. Schreibe in dein Heft.

7 1 Hast du bereits eine ähnliche Situation oder eine andere Situation, die aber zu der Lehre passt, erlebt? Schreibe sie auf.

7 2 Erfinde eine Alltagsgeschichte, die zu der Fabel und der Lehre passt.

Nun kannst du eine eigene Fabel schreiben. Bearbeite eine der folgenden Aufgaben 8 1 – 8 3.

8 1 Erfinde eine Fabel und nutze **deine eigenen Ideen**.

8 2 Schreibe eine passende Fabel zu einer **Lehre**.

Wer anderen eine Grube gräbt, fällt selbst hinein. | *Wenn zwei sich streiten, freut sich der Dritte.* | *Besser den Spatz in der Hand als die Taube auf dem Dach.*

8 3 Finde **zwei Tiere**, auf die die Eigenschaften zutreffen, und schreibe eine Fabel mit ihnen.

Tier 1: reich | *angeberisch* | *prahlerisch* | *habgierig* | *verschwenderisch* | *unzufrieden*
Tier 2: arm | *bescheiden* | *freundlich* | *zufrieden* | *hilfsbereit* | *sparsam*

9 Fertige in den Kästchen Notizen zum Inhalt deiner Fabel an.

Ausgangssituation	*Lehre*	*???*
Handlung	*Gegenhandlung*	*Ergebnis*

10 Schreibe deine Fabel in dein Heft.

11 Kontrolliere deine Fabel mithilfe der Arbeitstechnik auf Seite 35 und überarbeite sie anschließend.

Mit offenen Augen durch die Welt – *Gedichte lesen und verstehen*

Um ein Gedicht zu verstehen, untersuche ich den Inhalt, die Form und die Sprache genauer.

Ich untersuche den Inhalt.	– Um wen oder was geht es? – Gibt es eine Sprecherin oder einen Sprecher? – Wird jemand in dem Gedicht angesprochen?
Ich untersuche die Form des Gedichts.	– Hat das Gedicht eine besondere äußere Form (z. B. Elfchen)? – Wie viele Strophen (Abschnitte) hat das Gedicht? – Aus wie vielen Versen (Zeilen) bestehen die Strophen? – Welche Reimform erkenne ich? Zum Beispiel Paarreim (aabb), Kreuzreim (abab), umarmender/umschließender Reim (abba).
Ich untersuche die Sprache des Gedichts.	– Gibt es auffällige Wörter oder Wortgruppen (z. B. witzige Wörter, Wortspiele, Unsinnswörter)? – Welche sprachlichen Bilder fallen auf (siehe unten)? – Welche Wirkung hat die Sprache des Gedichts auf mich?

Info

Sprachliche Bilder machen ein Gedicht anschaulich. Wörter oder Wortgruppen werden nicht in ihrer eigentlichen, sondern in einer übertragenen Bedeutung verwendet. So entstehen Bilder in der Fantasie der Leserinnen und Leser.
Der Vergleich: Zwei verschiedene Dinge werden miteinander verknüpft, oft durch das Wort **wie:** *schön wie eine Rose* / *so schaurig wie der Sturm.*
Die Personifikation: Eine Sache, ein Tier oder eine Naturerscheinung wird als Person dargestellt, mit menschlichen Eigenschaften oder Fähigkeiten.
Weinbergschnecken weinen. / *Ich bin ein fröhlicher Schaukelstuhl.*
Die Metapher: Ein Wort oder eine Wortgruppe wird aus dem Zusammenhang herausgenommen und auf etwas anderes übertragen.
Mein Herz rast und brennt. – *Ich bin sehr aufgeregt und verliebt.*

Arbeitstechnik

Die Ergebnisse der Textuntersuchung zusammenfassen
- Ich nenne Titel, Autor/-in, Textsorte, Thema und Entstehungszeit.
- Ich beschreibe die Form (Strophen, Verse, Reimform).
- Ich gebe kurz an, worum es in den einzelnen Strophen geht.
- Ich nenne sprachliche Bilder, die in dem Gedicht vorkommen.
- Ich beschreibe die Wirkung dieser sprachlichen Bilder.
- Ich fasse in einem Satz zusammen, wie das Gedicht insgesamt wirkt.

Das große kecke Zeitungsblatt Seite 46
Der Wind zieht seine Hose an Seite 49
Die Frühlingssonne Seite 52

Das große, kecke Zeitungsblatt – ein Gedicht erschließen und ergänzen

In diesem Gedicht geht es um ein Zeitungsblatt.

Das große, kecke Zeitungsblatt *Josef Guggenmos*

Heut wanderte durch unsre Stadt ___a___
ein großes, keckes[1] Zeitungsblatt ___a___
mir selber ist's begegnet. ___b___

Herab die Straße im Galopp ___
kam es gelaufen, hopp, hopp, hopp, ___
von weitem mir entgegen. ___

Allmählich wurd es müd. Es kroch, ___
es schlurfte nur, es schlich nur noch. ___
Und legte still sich nieder. ___

Da lag's wie eine Flunder platt. ___
Dann aber tat das Zeitungsblatt ___
ganz plötzlich einen Sprung. ___

Stieg steil empor in kühnem Flug, ___
wobei es ein paar Saltos schlug, ___
und landete dann wieder. ___

Da saß es nun und duckte sich. ___
Jetzt krieg' ich dich! – Doch es entwich ___
mit tausend Purzelbäumen. ___

1 keck: frech, vorlaut

1 a. Sieh dir die Bilder an und lies die Überschrift.
b. Schreibe deine Vermutung zum Inhalt des Gedichts auf.

____

____

Du untersuchst nun die Form des Gedichts.

2 Untersuche die Form des Gedichts.

▶ Wissen kompakt, S. 45

a. Bezeichne die Reimpaare am Ende der Verse mit jeweils gleichen Kleinbuchstaben.
b. Welche Reimform hat das Gedicht? Ergänze den Satz.

In dem Gedicht findet man __________ und dazu einzelne Verse __________ Reim.

☐ Paarreim ☐ Kreuzreim ☐ umarmender Reim

c. Schreibe auf, wie viele Strophen und Verse das Gedicht hat.

Strophen: ________ Verse: ________

d. Notiere, was du bisher über das Gedicht herausgefunden hast.

Das Gedicht mit dem Titel „______________________________

______________________" von ______________________________

______________________ hat ______________________________

____.

Die Reimform heißt ______________________________.

Untersuche nun den Inhalt des Gedichts.

3 Untersuche nun den Inhalt des Gedichts genauer.
a. Kreuze an, welche Aussagen richtig sind.

☐ Der Sprecher begegnet in der Stadt einem Bekannten.
☐ Das Zeitungsblatt ist lebendig geworden.
☐ Der Wind hat das Zeitungsblatt vor sich hergetrieben.
☐ Der Sprecher versucht, das Zeitungsblatt einzufangen.

b. Was geschieht in dem Gedicht? Schreibe es auf.

____

____

____

____

Wenn du das Gedicht von Josef Guggenmos liest, könntest du meinen, dass es um ein lebendiges Wesen geht.

4 **a.** Finde Stellen im Gedicht, die das deutlich machen. Schreibe zwei Beispiele auf.

b. Wie nennt man dieses sprachliche Bild?

5 An welche Lebewesen erinnert dich das Zeitungsblatt?
Schreibe auf, woran du denkst, und schreibe die Textstelle dazu.

ein Kind : *„ein großes, keckes Zeitungsblatt*

:

:

:

6 Wie wirkt das Gedicht auf dich? Notiere.

Wie geht die Reise für das Zeitungsblatt weiter?

7 Das Zeitungsblatt reist weiter. Schreibe seine Gedanken auf.
Die folgenden Fragen können dir helfen:
Was sieht es? Wo möchte es gerne hin? Wem begegnet es? Wo landet es?

Ich habe es geschafft! Du kriegst mich nicht. Jetzt

Der Wind zieht seine Hose an – ein Gedicht erschließen

In diesem Gedicht spielt die Natur eine wichtige Rolle.

1 Lies das Gedicht Vers für Vers.

Der Wind zieht seine Hosen an *Heinrich Heine*

Der Wind zieht seine Hosen an, ___a___
Die weißen Wasserhosen; ______
Er peitscht die Wellen, so stark er kann, ______
Die heulen und brausen und tosen. ______

Aus dunkler Höh', mit wilder Macht, ______
Die Regengüsse träufen[1]; ______
Es ist, als wollt die alte Nacht ______
Das alte Meer ersäufen[2]. ______

An den Mastbaum klammert die Möwe sich ______
Mit heiserem Schrillen[3] und Schreien; ______
Sie flattert und will gar ängstiglich[4] ______
Ein Unglück prophezeien[5]. ______

1 träufen: hier: herunterstürzen
2 ersäufen: ertränken
3 Schrillen: ein lautes, unangenehmes Geräusch
4 ängstiglich: ängstlich
5 prophezeien: vorhersagen

Du untersuchst nun die Form des Gedichts.

2 Welche Reimform liegt vor?

▶ Wissen kompakt, S. 45

a. Bezeichne alle Reimpaare mit jeweils gleichen Kleinbuchstaben.

b. Schreibe auf, wie die Reimform heißt: ______________________

3 Schreibe auf, aus wie viel Strophen und Versen das Gedicht besteht:

Strophen: ______________________

Verse: ______________________

Untersuche nun den Inhalt des Gedichts. Heinrich Heine beschreibt ein Unwetter, das über dem Meer tobt. Was passiert alles?

4 In welcher Strophe beschreibt Heine die folgenden Ereignisse? Schreibe jeweils dahinter, ob du sie in Strophe 1, 2 oder 3 findest.

Es ist finstere Nacht.	*Strophe* ______	Es regnet heftig.	______
Das Schiff ist in Gefahr.	______	Die Wellen sind sehr hoch.	______
Ein Orkan/Sturmwind tobt.	______	Eine Möwe sucht Schutz.	______

5 Heine will den Leserinnen und Lesern den Sturm und die Gefahr so lebendig wie möglich beschreiben. Schau dir die beiden Bilder an.

a. Schreibe auf, zu welcher Strophe das rechte Bild passt.

Strophe: ______________________________

b. Vergleiche die beiden Bilder. Was zeigt dir auf dem rechten Bild besonders deutlich, wie stark der Wind ist? Schreibe ein oder zwei Dinge auf.

____

____

c. Heine hat für den Wind dieses sprachliche Bild genutzt. Wie nennt man es?

____

In dem Gedicht wird die Natur lebendig.

6 Untersuche nun, wie Heine die Naturereignisse ausmalt.

a. Suche weitere sprachliche Bilder im Gedicht, notiere und benenne sie.

b. Welches sprachliche Bild verdeutlicht deiner Meinung nach am besten die Gefahr? Schreibe deine Meinung auf und begründe sie.

c. Was geht wohl dem Steuermann durch den Kopf, der auf die hohen Wellen schaut? Schreibe seine Gedanken in der Ich-Form auf.

7 Fasse deine Ergebnisse in einem kurzen Text in deinem Heft zusammen. Gehe dabei so vor:

- Nenne Titel, Autor/-in, Textsorte und Thema.
- Beschreibe die Form (Strophen, Verse, Reimform).
- Gib kurz an, worum es in den einzelnen Strophen geht.
- Nenne zu jeder Strophe ein Bild, das Heine verwendet (eine Personifikation oder einen Vergleich).
- Beschreibe jeweils kurz die Wirkung dieses Bildes.
- Fasse in einem Satz zusammen, wie das Gedicht auf dich gewirkt hat.

Die Frühlingssonne – ein Gedicht erschließen und ein Parallelgedicht schreiben

In diesem Gedicht geht es um eine Jahreszeit.

1 Das folgende Gedicht trägt den Titel „Die Frühlingssonne".

a. Schreibe auf, was du dir darunter vorstellst.

____

____

b. Lies nun das Gedicht.

Die Frühlingssonne *Christine Busta*

Unhörbar wie eine Katze
kommt sie über die Dächer,
springt in die Gassen hinunter,
läuft durch Wiesen und Wald.

Oh, sie ist hungrig! Aus jedem
verborgenen Winkel schleckt sie
mit ihrer goldenen Zunge den Schnee.

Er schwindet dahin wie Milch
in einer Katzenschüssel.
Bald ist die Erde wieder blank.

Die Zwiebelchen unter dem Gras
spüren die Wärme unter ihren Pfoten
und beginnen neugierig zu sprießen.

Eins nach dem anderen blüht auf.
Schneeglöckchen, Krokus und Tulpe,
weiß, gelb, lila und rot.
Die zufriedene Katze strahlt.

2 Beschreibe die Form des Gedichts. Was fällt dir auf? Notiere deine Beobachtungen.

▶ Wissen kompakt, S. 45

____

____

____

____

3 Christine Busta beschreibt Dinge, die du im Frühling in der Natur beobachten kannst. Schreibe wenigstens zwei davon auf.

___

___

4 Die Dichterin beschreibt die Vorgänge in der Natur mit ganz eigenen Bildern. Suche zwei Beispiele dafür im Gedicht und schreibe sie auf.

___

___

5 Untersuche die Bildersprache im Gedicht genauer.
Die Sonne wird wie eine Katze beschrieben.
Wieso ist Christine Busta gerade dieses Bild eingefallen?
Versuche, es herauszufinden. Gehe so vor:
- Unterstreiche im Gedicht die Stellen, wo du etwas über die Eigenschaften und das Verhalten der Katze erfährst.
- Trage sie in die Tabelle ein und schreibe daneben, warum das zu der Sonne passt.

Eine Katze ...	**Die Sonne ...**
– ist unhörbar.	*– kann man ebenfalls nicht hören.*
– läuft über die Dächer.	*– scheint über den Rand des Dachs.*
– ...	*– ...*

6 Suche weitere sprachliche Bilder in dem Gedicht.
a. Schreibe die passenden Textstellen auf und benenne die Bilder.

___

___

___

b. Warum hat Christine Busta diese Bilder gewählt? Schreibe deine Vermutung auf.

____

____

____

7 Fasse zusammen, wie dieses Gedicht auf dich wirkt, und begründe deine Meinung. Du kannst unter den folgenden Adjektiven auswählen oder deine eigenen Formulierungen wählen.

ungewöhnlich | fröhlich | lustig | interessant | lebendig | überzeugend

Das Gedicht wirkt auf mich ____,

weil ____.

8 Warum ist „Die Frühlingssonne" trotz fehlender Reime ein richtiges Gedicht? Schreibe deine Gedanken auf.

____

____

____

9 Fasse deine Ergebnisse aus den Aufgaben 2 bis 8 in einem kurzen Text zusammen. Nutze dazu das Wissen kompakt auf der Seite 45.

10 Schreibe ein kurzes Parallelgedicht.

a. Du kannst ein eigenes Sonnengedicht schreiben, etwa über die heiße Sommersonne oder die kraftlose Wintersonne. Mit welchen Tieren lassen sie sich vergleichen? Welche Wirkung haben sie auf die Erde, die Pflanzen oder die Menschen?

b. Du kannst dir auch ein anderes Naturereignis auswählen, z. B. leise fallenden Schnee, dichten Nebel oder etwas anderes.

Fantastisch! – *Jugendbücher lesen und untersuchen*

Die Handlungsbausteine helfen mir, ein Jugendbuch zu verstehen.

Die Handlungsbausteine	Die Fragen
die Figuren und die Situation	– Wer ist die Hauptfigur? – In welcher Situation steckt die Hauptfigur?
der Wunsch	– Welchen Wunsch hat die Hauptfigur?
das Problem / das Hindernis	– Warum erfüllt sich der Wunsch nicht? – Welches Hindernis ist im Weg? – Welche Aufgabe muss gelöst werden?
die Reaktion / der Lösungsweg	– Wie reagiert die Hauptfigur? – Welche Lösung findet sie für das Problem?
das Ende	– Wie endet die Geschichte? – Ist die Hauptfigur erfolgreich?

Fantastisch bedeutet: magisch, unglaublich, wunderbar.
Fantastische Jugendbücher erzählen unglaubliche Geschichten.
An diesen Merkmalen erkenne ich fantastische Jugendbücher:

Die Figuren sind oft Lebewesen mit **besonderen Fähigkeiten**.	*– Ein Mädchen kann Figuren aus einem Buch in ihr Leben holen oder Menschen in Büchern verschwinden lassen.*
Es kommen **Wesen** vor, **die es** in der Wirklichkeit **nicht gibt**.	*ein Zauberer, ein Zwergenkönig, eine Fee, ein Hobbit …*
Gegenstände werden **zu anderen Zwecken benutzt** als in der Wirklichkeit.	*– Telefonzellen dienen als Fahrstuhl in eine unterirdische Welt.* *– Ein Ring macht seinen Träger unsichtbar.*
Es kommen **erfundene** Wörter und **Namen** vor.	*Staubfinger, Zauberzunge, die Orks, der Höllenzwang …*
Die **Hauptfiguren** … – gehen auf **Reisen**, – lösen **Aufgaben**, – bestehen **Abenteuer**, – kämpfen **gegen das Böse**.	*– Ein junger Hobbit geht auf eine Schatzsuche und besteht unterwegs viele Abenteuer …* *– Ein Junge macht sich auf den Weg zu einer Mühle, in der er Lehrling werden will. Sein Meister ist ein böser Zauberer …*

Level 4 – Die Stadt der Kinder Seite 56
Die Mitternachtstür Seite 59
Paheli Seite 62

Level 4 – Die Stadt der Kinder – einen Ausschnitt lesen und untersuchen

Level 4 – Die Stadt der Kinder ist ein fantastisches Jugendbuch von Andreas Schlüter. Hier liest du den Klappentext:

Ben liebt Computerspiele über alles, besonders seine Neuerwerbung „Die Stadt der Kinder". Doch irgendetwas läuft schief im 4. Level. Was eigentlich nur auf dem Bildschirm passieren sollte, wird plötzlich unheimliche Realität: Alle Erwachsenen verschwinden aus der Stadt! Zunächst sind die Kinder begeistert, endlich können sie all das tun, was sie schon immer mal machen wollten. Doch Ben und seine Freunde begreifen gleich den Ernst der Lage ...

1 Was könnte in dem Buch passieren?
a. Lies den Klappentext und sieh dir das Cover an.
b. Schreibe deine Vermutung auf.

2 Lies den folgenden Ausschnitt.

Ben hat von seinem Freund das Computerspiel „Die Stadt der Kinder" bekommen. Er hat es bislang nur im Kaufhaus gespielt und kann es kaum abwarten, endlich bis zur vierten, schwierigsten Ebene zu kommen. Kaum ist die Schule vorbei, rennt er nach Hause und legt los.

Zuerst einmal die Straße hoch und in den letzten Laden hineingehen. Also Joystick nach vorn. Achtung vor den Autos. Die werden nämlich von Kindern gefahren, die keinen Führerschein haben. Deshalb waren sie unberechenbar. Plötzlich fiel ein Blumentopf aus dem zweiten Haus. Dicht neben der Figur prallte er auf die Straße und zersprang in tausend kleine Lichtpunkte, die sich auf dem Bildschirm in alle Richtungen verflüchtigten.

Das war knapp. In seiner Aufregung hatte Ben diese kleinen heimtückischen Hindernisse völlig vergessen, die durch das Chaos in der Stadt entstanden. Er musste vorsichtiger sein, denn bis zur vierten Spielebene war es noch ein langer Weg. Und dummerweise ließen sich die ersten, leichteren Spiellevels nicht überspringen. Nach jedem groben Fehler fing das Spiel von vorne an. Unzählige Male hatte Ben diesen Anfang schon gespielt. Und doch entging ihm immer mal wieder eine dieser Kleinigkeiten wie der Blumentopf.

Diesmal hatte Ben Glück gehabt. *Hinein in den Laden.* Schon sprang das Bild auf eine neue Szene: das Innere des Ladens. Hinter dem Tresen stand eine zwielichtige

Gestalt. Ben wusste, dass es kein normaler Verkäufer war. Er war ein heimtückischer Zauberer – einer der letzten Erwachsenen in der Stadt. Vorsicht war geboten. Jeder Schritt der Figur musste wohlüberlegt sein auf dem Weg zur Glasvitrine, wo der Schlüssel zum nächsten Bild versteckt war. Dazwischen, das wusste Ben von seinen zahlreichen Versuchen im Kaufhaus, lauerte eine Falltür im Fußboden auf eine unbedachte Bewegung der Spielfigur.

Entschlossen packte Ben den Joystick. Und schon ... „rring-rrring!", klingelte es an der Haustür.

„Das darf doch nicht wahr sein!", fluchte Ben. Ein Blick auf seinen Radiowecker holte ihn in die Wirklichkeit zurück. Es war ein Uhr nachmittags. Jennifer wollte für die Mathearbeit üben.

Zögernd schob Ben sich von seinem Sitz. Langsam ging er einige Schritte auf die Zimmertür zu, ohne auch nur einen Augenblick den Bildschirm aus den Augen zu lassen. Wer weiß, welchen Schabernack der Zauberer mit seiner Figur treiben würde, wenn er zu lange an einer Stelle stehen blieb? „Rring!", wiederholte die Haustürklingel erbarmungslos.

„Ja doch!", rief Ben ärgerlich. Dann rannte er los, riss die Haustür auf, hechelte ein kurzes „Hallo" hinaus auf die Straße und stürzte schnurstracks wieder zurück in sein Zimmer. Jennifer blieb mit offenem Mund vor der Haustür stehen.

Die Handlungsbausteine helfen dir, den Text besser zu verstehen.

3 Beantworte die folgenden Fragen zur Hauptfigur:

▶ Wissen kompakt, S. 55

a. In welcher Situation befindet sich Ben am Anfang?

b. Worauf konzentriert er sich vor allem? Achte auf seine Gedanken, die an den kursiv gedruckten Stellen deutlich werden.

4 Untersuche genauer, was Ben sich wünscht und warum es ihm nicht gelingt.
Er hat mehrere Wünsche und alle drehen sich um das Spiel.

a. Warum gelingt es nicht? Ordne Bens Wünschen jeweils das passende Hindernis zu.
b. Formuliere zu dem letzten Wunsch, dem Hauptwunsch, selber das Hindernis.

Ben will die vierte Spielebene erreichen.	______________________
Ben will den Schlüssel zum nächsten Bild finden.	Es gibt viele kleine, heimtückische Hindernisse.
Ben will einfach nur ungestört „Stadt der Kinder" spielen.	Im Boden lauert eine Falltür.

c. Bens Reaktion auf Jennifers Klingeln ist für Jennifer überraschend. Schreibe auf, woran man das erkennt.

Untersuche Bens Verhalten und seine Gefühle genauer.

5 Wie kannst du Bens Gefühle und sein Verhalten treffend beschreiben?

a. Suche unter den folgenden Adjektiven drei aus, die gut auf Ben passen.
Umkreise diese Adjektive in jeweils einer Farbe.
b. Suche dazu passende Textstellen und unterstreiche sie ebenfalls in der Farbe.

konzentriert | aufmerksam | erschrocken | vorsichtig | entschlossen | ärgerlich | zögernd | unwillig | unhöflich | geduldig

c. Schreibe mit eigenen Worten auf, warum Ben sich so fühlt oder sich so verhält.

Ben ist ______________________

weil ______________________

____

______________________.

6 Welche Merkmale fantastischer Jugendbücher findest du in dem Textausschnitt?
Umkreise die passenden Merkmale.

Figuren mit besonderen Fähigkeiten | fantastische Wesen | Gegenstände werden anders genutzt als in der Wirklichkeit | erfundene Wörter und Nomen | Hauptfigur besteht Abenteuer

7 Wie könnte es weitergehen? Der Klappentext zum Buch verrät, dass das Spiel Realität wird. Schreibe deine Ideen auf.

a. Unterstreiche dazu die Textstellen, die dir etwas über das Spiel verraten.
b. Überlege, was passieren könnte, wenn solche Dinge im echten Leben passieren oder Figuren wie der heimtückische Zauberer plötzlich auftauchen.
c. Schreibe nun in deinem Heft auf, was mit Ben als Nächstes passiert.

Die Mitternachtstür – einen Ausschnitt lesen und untersuchen

In dem fantastischen Jugendbuch Die Mitternachtstür von Dave Eggers geht es um Gran, der mit seinen Eltern in die Kleinstadt Carousel gezogen ist. Etwas stimmt hier überhaupt nicht. Risse tun sich im Boden auf, Häuser versinken. Weiß die geheimnisvolle Catalina mehr darüber? Als Gran ihr eines Nachts heimlich folgt, entdeckt er ein System von Tunneln unter der Stadt. Auf eigene Faust macht er sich auf, diese unterirdische Welt zu erforschen.

1 Was könnte in dem Buch passieren?
- **a.** Lies die Information zum Buch und sieh dir das Cover an.
- **b.** Notiere in deinem Heft deine Vermutung über den Inhalt des Jugendbuchs.

2 Was erlebt Gran unter der Erde? Lies den folgenden Ausschnitt.

Gran ging gerade einen schlechter beleuchteten Abschnitt des Labyrinths entlang, als er einen kühlen Luftzug spürte. Etwas stimmte nicht. Oder war anders. Oder beides. Etwas stimmte nicht und war anders und gefährlich. Die Lichterkette begann zu flackern.

Als Gran nach unten sah, entdeckte er wenige Zentimeter vor seinem rechten Fuß ein Loch, ein kaum erkennbares Loch, ein kaum erkennbares pechschwarzes Oval, so groß wie ein Küchentisch. Es schien auszuatmen – kühle Windstöße, die in regelmäßigen Abständen herauskamen. Gran ging in die Hocke. Der sanfte, aber kalte Luftzug konnte schon meilenweit unterwegs gewesen sein, bevor er diese Stelle des Bodens erreichte.

Gran hob einen Stein vom Boden auf und ließ ihn in das Loch fallen, um dessen Tiefe abzuschätzen. Er hörte ihn ein- oder zweimal die Wand streifen, aber nie auf dem Boden landen. Dieses Loch war also auch ein Tunnel, so wie der, in dem er stand, nur senkrecht.

Catalina hatte nichts von senkrechten Tunneln gesagt.

Wobei Catalina nichts von irgendetwas hiervon gesagt hatte.

Gran wusste nicht, wo sie war oder wie er sie finden konnte. Er wusste nicht, wie sie reagieren würde, wenn sie ihn sah. Und er wusste auch nicht, was für ein Geräusch das war – das Geräusch, das plötzlich aus dem Loch zu seinen Füßen drang.

Es war ein Heulen.

Und ein Rumpeln.

Es klang wie ein Erdbeben, das durch einen Wirbelsturm ausgelöst wird.

Und es kam näher. Es kam aus der Tiefe des Lochs auf Gran zu. Er rannte, als befände er sich auf einem Vulkan, der in der nächsten Sekunde ausbricht.

Gran, die Hauptfigur, befindet sich in einer gefährlichen Situation. Untersuche genauer, woran man die drohende Gefahr erkennt.

3 Achte darauf, wie der Ort aussieht. Schreibe wenigstens drei Dinge auf, die Gran sieht und die bedrohlich wirken.

____

____

4 Nicht nur der Ort ist unheimlich. Schreibe mindestens drei Dinge auf, die Gran spürt oder hört und die ihm ebenfalls Angst machen.

____

____

5 Was kommt dort im Tunnel auf Gran zu? Schreibe deine Vermutung auf.

____

____

Gran merkt, dass Catalina mehr über die unheimlichen Vorfälle weiß. Nach seinem Erlebnis trifft er sie außerhalb der Stadt und sie erzählt ihm von den Hollows[1].

„[I]rgendwas ist neu", begann sie. „Als ich anfing, wurde mir gesagt, solche Vorfälle gäbe es höchstens alle paar Jahre – und es sind keine ganzen Häuser verschwunden. So schlimm wurde es nie. [...] Aber jetzt passiert es ständig. Jetzt sind die Hollows überall." [...]

„Dann sind die Hollows auch noch woanders?", fragte er.

„Meinst du, Traurigkeit gäbe es nur hier?"

Unter ihnen kamen die ersten Häuser in Sicht. Catalina blieb stehen, als wüsste sie nicht recht, ob sie sich den Bewohnern von Carousel überhaupt wieder anschließen wollte. Von hier aus war zu sehen, dass das Rathaus noch hell erleuchtet war. Davor befand sich eine Menschenmenge.

„Wie meinst du das?", fragte Gran. „Kommen die Hollows wegen der Traurigkeit?"

„Kennst du Haie?", fragte Catalina zurück.

„Wie, persönlich?"

„Nein. Aber du hast schon mal von Haien gehört, oder? Hast welche im Fernsehen gesehen?"

„Klar."

„Du weißt, dass sie im Wasser Blut riechen können und dann zum Fressen kommen?"

„Ja."

„Also, hier ist es genauso. Bloß ist es statt einem Hai dieser unersättliche unterirdische Wind, der denkt und fühlt und sich durch die Erde frisst. Und statt von Blut im Wasser wird er von Verzweiflung, Leere und Hoffnungslosigkeit angezogen."

„Ich versteh kein Wort. Die Hollows werden von Verzweiflung angezogen?"

„Ja. Sie wittern sie und machen sie noch schlimmer. So wie der Hai kommt, wenn etwas blutet, und dann zuschlägt. Mehr wissen wir noch nicht."

„Und sie können denken?"

„Du hast es ja erlebt. Meinst du nicht, dass sie denken können?"

„Glaub schon. Sie schienen einen Plan zu haben."

„Sie haben einen Plan."

„Was für einen?"

„Das wüsste ich auch gern."

1 hollow: Höhle, Aushöhlung

Die Handlungsbausteine helfen dir, den Text besser zu verstehen. ▶ Wissen kompakt, S. 55

6 In welcher schwierigen Lage befinden sich die Hauptfiguren Gran und Catalina? Fasse mithilfe der Handlungsbausteine Situation, Wunsch und Hindernis zusammen, in welcher Gefahr sie sind, was sie gerne tun würden und warum das schwer ist.

7 Die Hollows sind Fantasiewesen. Überlege, wie sie aussehen könnten.

a. Schreibe auf, was du in den beiden Texten über sie erfahren hast.

b. Welches Detail findest du besonders beeindruckend? Schreibe es auf und begründe deine Auswahl.

8 Welche Merkmale fantastischer Jugendbücher findest du in dem Textausschnitt? Schreibe sie auf.
Tipp: Schaue vorne im Wissen kompakt auf Seite 55 nach, welche Merkmale fantastische Literatur hat.

Paheli – einen Textauszug lesen und untersuchen

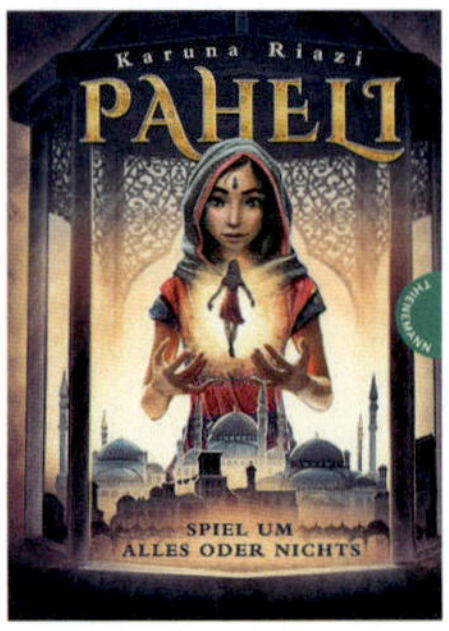

Farah bekommt zu ihrem 12. Geburtstag ein eigenartiges Brettspiel geschenkt. Mit ihren Freunden Essie und Alex packt sie das Spiel aus. Auf einer kleinen Holztafel finden sie die Spielanleitung. Doch kaum nimmt Alex drei Spielfiguren in die Hand, verwandeln sich diese in Miniatur-Doppelgänger der drei Kinder. Und statt des kleinen Spielbretts steht ein riesiger Lampion im Zimmer. Bloß gut, dass Farahs kleiner Bruder Ahmad nicht dabei ist …

Langsam krochen alle drei auf den leuchtenden Riesenlampion zu.
Alex spähte durch eines der mit Metall eingefassten bunten Fenster hinein. „Schaut nur! Da drin sind ganze Paläste und sogar eine Zahnradbahn."
„Eine was?", fragte Farah und zog eine Augenbraue nach oben.
„Ich bin letztes Jahr mit so einer gefahren, als wir in der Schweiz waren", erklärte Alex. „Komm, sieh selbst!"
Farah beugte sich vor, blickte ebenfalls durch eines der vielen kleinen Fenster und sah eine Vielzahl von Palästen. Ihr Anblick erinnerte sie an den letzten Familienurlaub, als sie in Rajasthan, einem indischen Bundesstaat, gewesen waren, in dem es eine Wüste gab, aber eben auch eine Menge solcher Paläste mit zierlichen Türmchen, Bögen und anderen Verzierungen.
„Wie schön!", rief sie. „In der Mitte steht ein Minarett und es leuchtet sogar."
„Was sollen wir denn jetzt tun?", überlegte Essie.
„Hey, Leute", meinte Alex plötzlich. „Der Text auf der Tafel hat sich verändert."
„Was steht denn jetzt darauf?", fragte Farah.
Alex räusperte sich und las dann vor:

„Der Architekt heißt euch willkommen. Euer Auftrag lautet: Zerstört die Stadt Paheli! Warnung: Euer Team muss jede Herausforderung meistern, die sich ihm stellt. Der Austragungsort einer jeden Herausforderung löst sich in Sand auf, sobald ihr die Aufgabe erfüllt habt. Seid ihr bereit?
Nehmt eure Spielfiguren und stellt sie auf das Brett. Jeder wiederholt laut die Worte: Ich bin bereit."

„Paheli", wiederholte Farah nachdenklich. Sie erinnerte sich daran, das Wort auf dem Cover einer der Bollywood-DVDs gelesen zu haben, die sich ihre Mutter manchmal im *Halal*-Supermarkt auslieh. *„Paheli bedeutet Rätsel"*, hatte ihre Mutter damals gesagt. *„Eine Frage, die beantwortet werden muss."*
„Interessant." Essie nahm Alex die Tafel ab. „Aber was passiert, wenn wir eine Herausforderung nicht meistern?"
„Davon steht hier nichts", erwiderte Alex.
Jetzt schnappte sich auch Farah die Tafel und drehte sie um, in der Hoffnung, auf der Rückseite mehr Informationen zu finden. In diesem Moment hörte sie aus der Ecke neben ihrem Kleiderschrank ein Geräusch … oder genauer: das eilige Tapsen kleiner Füße.
„Ahmad!", rief Farah genervt. „Was hast du hier drinnen verloren?"

„Ich bin bereit!", krähte Ahmad. Mit einem Satz war er bei ihnen und schnappte sich die gesichtslose Spielfigur. Oder besser: die *bisher* gesichtslose Spielfigur. Farah sah, wie sie sich in Ahmads Hand verwandelte. „Ahmad … nein!" Obwohl sich ihr bei dem Anblick der Magen umdrehte, bemühte sie sich, ruhig zu bleiben, um Ahmad nicht noch mehr anzuspornen.
Sie versuchte, ihn an sich zu ziehen, doch er wich aus und wiederholte lachend: „Ich bin bereit!" Dann sprang er mitten auf das Spielbrett.
Kaum war er darauf gelandet – war er auch schon verschwunden. Aus der Spitze des Minaretts flogen Funken und ein lautes *Buuum!* hallte im Raum wider.
Fassungslos starrte Farah auf die Stelle, an der ihr kleiner Bruder gerade eben noch gestanden hatte, und dann auf die neue Mitteilung auf der Holztafel in ihrer Hand:

DAS SPIEL HAT BEGONNEN.

Mit Farahs neuem Spiel geschehen eigenartige Dinge. Keines der Kinder weiß, was zu tun ist oder was passieren wird. Untersuche, wie sie mit dieser Situation umgehen.

1 Suche im Text drei Dinge, die das Spiel „Paheli" von normalen Brettspielen unterscheiden, und schreibe sie auf.

2 Vergleiche das Verhalten von Farah und ihren Freunden mit dem von Ahmad. Beschreibe, wie Farah, Essie und Alex mit dem Spiel umgehen.

3 Beschreibe, wie Ahmad sich verhält.

4 Am Ende steckt Farah, die auf ihren kleinen Bruder aufpassen sollte, in Schwierigkeiten. Fasse Farahs Lage mithilfe der Handlungsbausteine Situation, Wunsch und Hindernis zusammen.

5 Was wird als Nächstes passieren? Schreibe deine Vermutungen dazu auf,

a. was mit Ahmad passiert.

b. was Farah und ihre Freunde als Nächstes tun werden.

6 In dem Textausschnitt findest du einige Hinweise darauf, dass es sich um fantastische Literatur handelt. Schreibe Beispiele auf.

► Wissen kompakt, S. 55

7 Schreibe die Geschichte weiter: Was unternehmen Farah und ihre Freunde? Baue Merkmale von fantastischer Literatur in deine Fortsetzung ein.

Wortarten wiederholen: Nomen und Adjektive

Wissen kompakt

Nomen bezeichnen **Lebewesen** und **Gegenstände**. Nomen bezeichnen auch **gedachte oder vorgestellte Dinge**. Fast alle Nomen können im **Singular** (Einzahl) und im **Plural** (Mehrzahl) stehen.	*der Mann, die Katze, das Buch* *der Hunger, das Glück, die Zeit* *der/ein Erfinder – die Erfinder* *das/ein Fahrzeug – die Fahrzeuge* *die/eine Sportart – die Sportarten*
Mit **Adjektiven** können wir Lebewesen und Dinge besser **beschreiben** und **vergleichen** oder auch **Gegensätze ausdrücken.** Steht das Adjektiv vor einem Nomen, verändert sich die Endung.	*neu, ruhig* *Ich sehe den ruhigen See.* *Das Boot liegt auf dem ruhigen See.*

In der Stadt

Talina fährt in die Stadt. Der Bus hält an und Talina steigt aus. Es gibt viel zu sehen: Sie sieht die Vögel durch die Luft fliegen. Ein Mann hat einen Hund an der Leine. Die Autos fahren durch die Straßen. Die Ampel ist rot. Talina muss warten. Sie ist mit ihren Gedanken bei dem Geburtstag ihrer Mutter. Sie will ihr ein schönes Geschenk kaufen. Da wird die Freude bei ihrer Mutter hoffentlich groß sein.

1 **a.** Markiere alle Nomen (keine Eigennamen) im Text gelb.
b. Schreibe die markierten Nomen im Singular und Plural mit dem bestimmten Artikel auf.

die Stadt – die Städte, ______________________

____

____

____

2 Wie sind die Lebewesen und Gegenstände im Text? Ergänze passende Adjektive. Passe die Endungen an.

groß, nächste, bunt, eilig, blau

Der Einkauf

Talina geht in das ______________ Geschäft.

Sie sucht die Abteilung mit den ______________ Kerzen.

Sie nimmt die ______________ Kerze und geht an die ______________ Kasse.

Sie bezahlt und geht mit ______________ Schritten zurück zur Bushaltestelle.

Wortarten wiederholen: Adjektive und Personalpronomen

Wissen kompakt

Mit den **Endungen -ig** und **-lich** können wir aus Nomen **Adjektive** bilden.	*der Sport – sportlich* *der Witz – witzig*
Personalpronomen können wir für **Lebewesen, Gegenstände oder Gedachtes einsetzen**. Sie helfen dabei, häufige Wiederholungen von Nomen zu vermeiden. Sie werden im Satz wie Nomen gebeugt.	*ich – du – er – sie – es – wir – ihr – sie* *Wir haben einen guten Trainer.* *Ich finde ihn nett.*

1 Bilde Adjektive mit *-ig* und *-lich*. Schreibe sie auf.

der Mut | der Friede | der Geiz | die Langeweile | das Herz | der Freund | der Hunger | der König | die Ruhe | die Absicht

2 Schreibe vier Sätze mit den Adjektiven aus Aufgabe 1 in dein Heft.

Für Nomen können wir Personalpronomen einsetzen.

Mein Hobby ist Reiten. Reiten macht Spaß.
Meine Freundin geht in den Chor. Meine Freundin singt gerne.
Unsere Freunde spielen Fußball. Unsere Freunde schießen viele Tore.
Meine Freundin und ich gehen gerne zusammen spazieren.
Meine Freundin und ich shoppen gerne.

3 **a.** Streiche die Wiederholungen durch.
b. Ersetze die Wiederholungen durch passende Personalpronomen und schreibe die Sätze neu auf.

Wortarten wiederholen: Nomen und Adjektive

Wissen kompakt

Nomen und ihre Begleiter unterscheiden sich in einem Satz in ihrem **Numerus** (Singular oder Plural), ihrem **Genus** (Maskulinum, Femininum oder Neutrum) und ihrem **Kasus** (Nominativ, Genitiv, Dativ oder Akkusativ).

Ein Nachmittag in der Trampolinhalle

Die Halle ist heute gut besucht. Ömer und Ben sehen das Trampolin, auf dem sie am liebsten springen, schon von weitem. Sie ziehen sich schnell die Sprungsocken an und laufen auf den Trainer zu. Er erwartet sie bereits, um ihnen heute den Salto zu zeigen. Die Hilfe des Trainers bietet den Kindern die nötige Sicherheit bei den Sprüngen. Nach den Übungen macht es dem Trainer nichts aus, dass das Trampolin ausnahmsweise von den Jungen gleichzeitig benutzt wird. Glücklich verlassen Ömer und Ben abends die Halle.

1 Markiere alle Nomen (keine Eigennamen) mit ihrem Begleiter im Text farbig.

2 **a.** Trage die Nomen *die Halle*, *der Trainer* und *das Trampolin* in den jeweiligen Formen in die folgende Tabelle ein. Stelle dafür die Fragen, z. B.:
Wer oder was *ist heute gut besucht?* ***Die Halle*** *ist heute gut besucht.*
b. Ergänze die fehlenden Formen.

Numerus	Kasus	Genus		
		Maskulinum	Femininum	Neutrum
Singular	Nominativ (Wer? Was?)		*die Halle*	
	Genitiv (Wessen?)			
	Dativ (Wem?)			
	Akkusativ (Wen? Was?)			

3 Schreibe alle anderen Nomen aus dem Text mit ihren Begleitern untereinander in dein Heft. Bestimme Numerus, Genus und Kasus.
Beispiel: *die Sprungsocken – Plural, Femininum, Akkusativ*

4 **a.** Bilde eigene Sätze zu den Nomen im Genitiv (Singular). Schreibe sie in dein Heft.
Beispiel: *Die Besucher der Halle haben einen schönen Nachmittag.*
b. Überlege dir drei eigene Sätze mit einem Nomen im Genitiv.

Wortart: Pronomen

Wissen kompakt

Personalpronomen helfen dabei, häufige Wiederholungen von Nomen zu vermeiden. Sie werden im Satz wie die Nomen dekliniert (gebeugt).

ich – du – er – sie – es – wir – ihr – sie
Der Trainer ist toll. Ich finde ihn hilfsbereit und er macht gutes Training.

Possessivpronomen (besitzanzeigende Fürwörter) sagen, **wem** etwas gehört. Die **Endungen** richten sich nach dem dazugehörigen **Nomen**.

die/die → meine, deine, seine/seine/ihre, unsere, eure, ihre
Er bringt seinen Freund mit zum Training.

Trampolinspringen macht Spaß!

Ben und Ömer treffen sich am nächsten Tag mit Julia und Elif und erzählen ihnen von der Trampolinhalle. „Wir hatten richtig viel Spaß gestern", meint Ömer und berichtet von seinem Versuch, einen Salto zu springen. „Mein Salto hat noch nicht geklappt. Aber dein Sprung war dafür super, Ömer!", sagt Ben. „Der Trainer hat sogar erlaubt, dass wir am Ende zusammen springen dürfen. Er war richtig nett gestern", schwärmt Ömer. Julia und Elif werden ein wenig neugierig. Sie schauen sich an und Julia fragt: „Können wir beim nächsten Mal vielleicht mitkommen?" „Natürlich!", strahlt Ben. „Unser Trainer freut sich immer über unseren Besuch."

1 Markiere im Text alle Personalpronomen (7) rot und alle Possessivpronomen mit dem dazugehörigen Nomen (5) blau.

2 Ergänze den Lückentext und entscheide, ob du das Nomen oder Pronomen einsetzt.

Die Mädchen unterhalten sich über Ömers Erzählungen. „Was muss man denn in eine Trampolinhalle mitbringen?", fragt ____________ *(Julia/sie)*. ____________ *(Julia/Sie)* war noch nie dort und muss sich deshalb zuvor erkundigen. „Sprungsocken sind sehr wichtig, denn ohne ____________ *(Sprungsocken/sie)* hast du keinen sicheren Stand auf dem Sprungtuch und könntest ausrutschen", antwortet ____________ *(Elif/sie)*.

3 Verwende drei passende Possessivpronomen aus dem Wortspeicher.

deine, unseren, meiner, seine

„Ich bin schon gespannt auf ____________ ersten Besuch in der Halle. Was der Trainer wohl zu ____________ Kondition sagt?", überlegt Elif. „____________ Kondition ist super"!, meint Julia, „Du kannst doch auch richtig lange schwimmen."

Wortart: Verben im Präsens

Wissen kompakt

Wir verwenden das **Präsens** (Gegenwart), um zu sagen, was wir **jetzt** tun oder was wir **regelmäßig** tun. Die Verbformen richten sich nach der Person. Dann verändern sich die Verben.

ich gehe – du gehst – er/sie/es geht – wir gehen – ihr geht – sie gehen

Ein Chat mit Ömer

Ömer: Was machst du heute?
Ben: Ich fahre mit meiner Familie in den Wasserpark.
Ömer: Schreib mir mal, wie es dort ist.
Ben: Hallo Ömer, ich schwimme in riesigen Wellen oder treibe mit einer Nudel durch das Wasser. Meine Eltern entspannen unter Palmen oder sitzen im warmen Sprudelbecken. Hier ist alles möglich: planschen, tauchen und springen von verschiedenen Sprungtürmen. Später gehe ich noch mal zu den Rutschen.

1 Ben und Ömer chatten am Wochenende.
a. In den Sätzen findest du zwölf Verben. Markiere sie.
b. Schreibe die Verben auf.

____

____

____

2 Was erzählt Ben, als Ömer ihn anruft?
Ergänze die Sätze mit passenden Verben im Präsens.
Achte auf die Verbendungen!

~~rutschen~~ | verlieren | haben | warten | benutzen | rutschen | sehen

Ben: Ja, ich *rutsche* gleich. Hoffentlich __________ man nicht so lange.

Die Wellenrutsche __________ vier Bahnen. Vier Personen __________ gleichzeitig.

In einer Rutsche __________ man Reifen. In der dunklen Röhre __________ du

spezielle Lichteffekte. Du __________ dabei die Orientierung.

Wortart: Verben in der Vergangenheit

Wissen kompakt

Wir verwenden das **Präteritum**, wenn wir über Vergangenes schriftlich berichten.
Wir bilden **regelmäßige** (schwache) Verben im Präteritum mit dem Wortstamm + Endung.
Bei einigen **unregelmäßigen** (starken) Verben ändert sich im Präteritum der Verbstamm.

ich rutschte – du rutschtest – er/sie es rutschte – wir rutschten – ihr rutschtet – sie rutschten

ich nehme – ich nahm

Wir verwenden das **Perfekt**, wenn wir über Vergangenes **mündlich** erzählen.
Viele Verben bilden das Perfekt mit dem Hilfsverb **haben**. Einige Verben (häufig der Bewegung) mit dem Hilfsverb **sein**.

ich habe entdeckt, du hast gelacht
er ist geflogen, wir sind gelandet

1 **a.** Bilde von den Verben in der Tabelle das Präteritum.
b. Markiere den Verbstamm.

	hüpfen	lachen	lernen
ich ___	___	___	___
du ___	___	___	___
er/sie/es ___	___	___	___
wir ___	___	___	___
ihr ___	___	___	___
sie ___	___	___	___

2 **a.** Verbinde das Verb im Präsens mit dem Verb im Präteritum.

ich schlafe	ich trank	ich fliege	ich fuhr
ich trinke	ich schlief	ich springe	ich schrieb
ich esse	ich trug	ich fahre	ich flog
ich trage	ich aß	ich schreibe	ich sprang

b. Schreibe die Wortpaare in dein Heft. Ergänze die Verbform im Perfekt.
ich schlafe – ich schlief – ich habe geschlafen

Wortarten: Verben – verschiedene Zeitformen und Modalverben

Wissen kompakt

Wir verwenden das **Präsens** (Gegenwart), um zu sagen, was wir **jetzt** tun oder was wir **regelmäßig** tun.	*Naomi rechnet gerade eine Matheaufgabe.* *Paul geht mittwochs zum Fußballtraining.*
Wir verwenden das **Präteritum**, wenn wir über Vergangenes **schriftlich** berichten. Bei einigen **unregelmäßigen** (starken) Verben ändert sich im Präteritum der Verbstamm.	*Der Trainer lobte mich.* *Kolya gab sich viel Mühe.*
Wir verwenden das **Perfekt**, wenn wir über Vergangenes **mündlich** erzählen. Viele Verben bilden das Perfekt mit dem Hilfsverb **haben**, einige Verben mit dem Hilfsverb **sein**.	*Ich habe gestern einen Kuchen gebacken.* *Er ist gestern zu einem Wettkampf gegangen.*
Wir verwenden das **Futur**, wenn wir ausdrücken wollen, was wir in der **Zukunft** planen. Wir bilden es mit dem Hilfsverb **werden** und dem **Infinitiv**.	*Lina wird Sonntag das Turnier gewinnen.*
Wörter wie **dürfen**, **müssen**, **sollen**, **mögen**, **wollen** und **können** sind Modalverben. Sie drücken eine **Erlaubnis** (dürfen), einen **Befehl** (müssen, sollen), einen **Wunsch** (mögen, wollen) oder eine **Möglichkeit** (können) aus.	*Ich darf heute schwimmen gehen.* *Du musst das der Polizei melden.* *Die Kinder möchten ein Eis kaufen.* *Er kann den Wettkampf gewinnen.*

Der Pflegehund

Kolya kümmert sich am nächsten Wochenende um die Hündin seiner Nachbarn. Frau Wanders notiert ihm vorher einige Punkte, auf die er achten muss:

Bella bekommt um 9 Uhr und um 17 Uhr Essen. Das Futter steht in der Küche neben dem Schrank. Du füllst das Wasser immer wieder auf, damit Bella zwischendurch genügend trinkt. Die Hundeleine liegt auf der Kommode im Flur, Bella freut sich über lange Spaziergänge. Außerdem liebt sie das Spiel mit dem Ball im Garten. Sie läuft dabei dem Ball nach und bringt ihn anschließend wieder zurück. Abends schläft sie ganz ruhig in ihrem Körbchen.

1 **a.** Markiere alle Verben im Text.
b. Schreibe den Text aus Kolyas Sicht nach dem Wochenende im Präteritum.
Bella bekam um 9 Uhr und um …

2 Kolya erzählt Luise nach dem Wochenende von seinen Erlebnissen.
a. Setze im folgenden Text die passenden Verbformen im Perfekt ein.
b. Ergänze in deinem Heft zwei weitere Sätze aus Kolyas Erzählung.

„Es *hat* richtig Spaß *gemacht* (machen), mich um den Hund zu kümmern. Wir __________ viel ____________ (spielen) und im Garten ____________ (toben). Bella ____________ ganz lieb ____________ (sein). Bei den Spaziergängen ____________ sie erst ein bisschen an der Leine ____________ (ziehen), aber später ____________ sie artig neben mir ______ (herlaufen)."

3 Luise und ihre Freunde planen voller Vorfreude ihr kommendes Wochenende.
a. Nutze die folgenden Satzbausteine und formuliere dazu einen Satz im Futur.
b. Markiere in den Sätzen die Zeitform Futur.

Bootstour – wir – Samstag: *Wir werden am Samstag eine Bootstour machen.*

Nico – Zoo – mit seinen Eltern

____

Tennis – Lea und Tim – gegeneinander

____

Sara – Kuchen – Freitag

____

4 Verändere die Bedeutung der folgenden Sätze durch den Einsatz eines anderen Modalverbs. Schreibe in dein Heft.

Naomi will zum Schwimmen gehen. → *Naomi muss zum Schwimmen gehen.*

Tarik möchte bei Paul übernachten.

Lisa soll ihrem Bruder helfen.

Die Tiere dürfen gefüttert werden.

Kolya kann heute seine Oma besuchen.

5 **a.** Bilde Sätze, indem du aus jeder Zeile einen Satzbaustein wählst.
b. Markiere die Modalverben farbig und notiere, ob es sich um eine Erlaubnis, einen Befehl, einen Wunsch oder eine Möglichkeit handelt.

ich | du | er/sie | wir | ihr | sie
dürfen | müssen | sollen | mögen | wollen | können
Zimmer aufräumen | Tante anrufen | die Tiere streicheln |
Essen zubereiten | ins Kino gehen | eine Fahrradtour machen

Wortbildung und Wortbedeutung: Zusammengesetzte Nomen

Wissen kompakt

Mit **zusammengesetzten Wörtern** können wir etwas genauer benennen.
Das letzte Wort ist das **Grundwort** und bestimmt den Artikel.
Das erste Wort ist das **Bestimmungswort** und erklärt die Bedeutung genauer.

der Sport + das Fest = das Sportfest
der Kaffee + die Tassen = die Kaffeetassen

Lea und Sven räumen auf

Lea hängt die Holzzange und die Rohrzange an die Haken.
Sven räumt die Holzschrauben und die Metallschrauben in die Holzkiste.
Der Steinbohrer und der Holzbohrer kommen in eine Werkzeugkiste.

1 Lea und Sven benennen diese Dinge genauer.

a. Markiere im Text die zusammengesetzten Wörter.

b. Schreibe sie auf.

die Zange, die Schrauben, der Bohrer, die Kiste

das Holz + die Zange → die Holzzange

c. Erkläre die Bedeutung. Formuliere Sätze in deinem Heft.

Eine Holzzange ist eine Zange für das Holz.

2 Bilde zusammengesetzte Nomen. Schreibe sie in dein Heft.

	das Rad		**der** Mäher
	der Ball		**die** Schere
das Wasser	**die** Bahn	**der** Rasen	**der** Dünger
	die Rutsche		**der** Platz
	die Flasche		**der** Sprenger

3 Schreibe drei Sätze mit zusammengesetzten Nomen aus Aufgabe 2 und erkläre dabei die Bedeutung des Wortes.

Wortbildung und Wortbedeutung: Zusammengesetzte Verben, Wortfamilien

Wissen kompakt

Mit **zusammengesetzten Wörtern** können wir etwas genauer benennen. Zusammengesetzte Verben stehen im Satz meistens getrennt.	*ab + melden* *Der Vater meldet ihn vom Unterricht ab.* *mit + nehmen* *Yusuf nimmt die Hausaufgaben mit.*
Wörter aus einer **Wortfamilie** haben den gleichen **Wortstamm**.	***halt**en, be**halt**en, In**halt**, **halt**bar, das Ver**halt**en*

1 **a.** Bilde zusammengesetzte Verben. Schreibe alle möglichen Verben bestehend aus einer Vorsilbe (1. Zeile) und einem Verb (2. Zeile) in deinem Heft auf.
b. Bilde Sätze mit den zusammengesetzten Verben.

Ich hole meine Schwester ab.

ab | aus | hoch | los | mit
kommen | holen | klettern | gehen | probieren

2 Ergänze den Lückentext mit passenden Verben von Aufgabe 1.

Yusuf ruft Lea an: „Ich habe eine neue Kletterausrüstung gekauft.

Heute möchte ich dich ______________ und mit dir die Ausrüstung ______________.

Vielleicht können wir die Kletterwand ganz ______________. Möchtest du gerne

______________? Dann kann es gleich ______________."

3 Ergänze die Sätze mit dem vorgegebenen Verb und passender Vorsilbe.

gehen: Ich möchte heute Abend ausgehen. Die Treppen kann ich ______________.

laufen: Die Milch ist ausgelaufen. Der Hund möchte ______________.

kommen: Ich kann gut mit Kindern auskommen. Willst du ______________?

Lea, Sven und Yusuf in der Kletterhalle

Sie haben sich zum Klettern verabredet. Zuerst holen sie ihre Kletterausrüstung. Dann wollen sie die erste Kletterwand hochklettern. Lea sagt: „Lass mich vorklettern!" Sven hält das Kletterseil fest. Als Lea oben ist, will Yusuf nachklettern.

4 Im Text sind acht Wörter der Wortfamilie -**kletter**- versteckt.
a. Finde im Text acht Wörter der Wortfamilie -**kletter**-. Markiere den Wortstamm.
b. Schreibe fünf Sätze mit Wörtern der Wortfamilie -**kletter**- in dein Heft.

Wortbildung und Wortbedeutung: Zusammengesetzte Nomen, Wortfamilien

Wissen kompakt

Mit **zusammengesetzten Wörtern** können wir etwas genauer benennen. Das letzte Wort ist das **Grundwort** und bestimmt den Artikel. Das erste Wort ist das **Bestimmungswort** und erklärt die Bedeutung genauer.

die Tasche + das Geld = das Taschengeld

Wörter mit dem gleichen **Wortstamm** sind verwandt. Sie bilden eine **Wortfamilie**. Bei manchen Wörtern einer Familie ändert sich der Wortstamm.

__halt__en, be__halt__en, In__halt__, __halt__bar, das Ver__halt__en
w__e__rfen – w__a__rf – gew__o__rfen

Vier Freunde auf der Kirmes

Ich freue mich ganz besonders auf die gruselige Geisterbahn!

Ich möchte mein Glück an der Wurfbude probieren!

Ich liebe das Bauchgefühl im Kettenkarussell!

Hoffentlich reicht mein Taschengeld am Ende noch für eine große Bonbontüte!

1 In den Aussagen der Kinder findest du sechs zusammengesetzte Nomen. Schreibe sie mit bestimmtem Artikel in dein Heft und zerlege sie.

die Geisterbahn = die Geister (der Geist) + die Bahn

„So viele Fahrgeschäfte!“, staunt Lina, als sie die Kirmes sehen. „Ich freue mich riesig!“ „Wirst du mit mir in die Geisterbahn gehen?“, fragt Ajlina vorsichtig. „Natürlich!“, antwortet Lina mutig. Aus Leos Sicht ist die Fahrt mit dem Kettenkarussell das Allerschönste. Die anderen bereiten ihm eine große Freude, als sie mit ihm zusammen hineingehen.

2 **a.** Markiere alle Wörter mit den Wortstämmen -fahr-, -sicht-, -geh- und -freu-.
Tipp: Es sind acht Wörter.

-fahr-	*-sicht-*	*-geh-*	*-freu-*
die Fahrgeschäfte			

b. Ordne sie in die Tabelle ein. Schreibe bei Nomen den Artikel dazu.
c. Ergänze die Tabelle mit weiteren Wörtern der Wortfamilie.

Wortbildung und Wortbedeutung: Zusammengesetzte Adjektive und Verben

Wissen kompakt

Die Werbung spielt mit **Wortbildungen**. Oft werden zusammengesetzte Nomen oder Adjektive verwendet, um etwas besonders anzupreisen. Auch Superlative werden dabei häufig eingesetzt.	*das hochattraktive Angebot* *hoch + attraktiv* *am größten, besten, stärksten …*
Wenn wir **Verben** mit **ab**, **an**, **aus**, **mit** oder **vor zusammensetzen**, entstehen neue Verben mit einer anderen **Bedeutung**.	*ab + geben* *Ich gebe etwas von meinem Eis ab.* *aus + geben* *Ich gebe dir ein Eis aus.*

Vor der Wildwasserbahn

„Besucht das bitterkalte Nass! Ein riesengroßer Spaß ist dabei garantiert. Erlebt gemeinsam das hochspannende Wasserabenteuer. Die langsame Fahrt nach oben steigert den Nervenkitzel. Die anschließende ultraschnelle Abfahrt ins Wasserbecken entlockt euch einen superlauten Schrei. Ihr werdet begeistert sein und euch quicklebendig fühlen!“

1 Markiere die sechs zusammengesetzten Adjektive und schreibe sie in dein Heft.

2 **a.** Markiere im folgenden Werbetext für die Geisterbahn alle Adjektive.

Die gruselige Geisterbahn lädt alle mutigen Besucher ein mitzufahren. Nur wer starke Nerven hat, sollte sich trauen. Blasse Gestalten treiben ihr Unwesen in dunklen Räumen und werden den Besuchern große Schreckmomente verschaffen.

b. Notiere sie untereinander in deinem Heft.
c. Bilde aus ihnen zusammengesetzte Adjektive.
Beispiel: *gruselige – supergruselige*
d. Schreibe den Text mit den neuen Adjektiven auf.

super-, höchst-, todes-, stock-, leichen-, schwer-, tief-, hoch-, bitter-, bären-

3 Du möchtest Werbung für eine Sportart machen.
a. Überlege dir mindestens zwei zusammengesetzte Adjektive und zwei zusammengesetzte Nomen, die dazu passen. Schreibe sie in dein Heft.
b. Finde zwei passende Formulierungen mit Superlativen für deinen Text und schreibe sie auf.
c. Formuliere einen kurzen Werbetext mit den Wörtern aus a und b in deinem Heft.

4 Bilde aus den Verben „lesen“ und „teilen“ jeweils drei neue Verben, indem du **ab**, **an**, **aus**, **mit** oder **vor** verwendest. Erkläre die jeweilige Bedeutung.
lesen → vorlesen: vor anderen einen Text laut lesen

Die Satzglieder – Prädikat, Subjekt und Objekte

Wissen kompakt

Mit **Was tut?** oder **Was hat getan?** fragen wir nach dem Prädikat. Das Prädikat besteht aus einem Verb. Es kann auch **aus mehreren Teilen** bestehen. Sie bilden eine Klammer.

Was tut ein Artist? Ein Spieler steht in der Manege.

Was tun die Tänzerinnen?
Die Tänzerinnen halten den Vorhang auf.

Mit **Wer oder was?** fragen wir nach dem **Subjekt**, das eine Person oder Sache sein kann und aus einem oder mehreren Wörtern besteht.

Wer sitzt in der Manege?
Mehrere Clowns sitzen in der Manege.
Was schließt sich?
Der Vorhang schließt sich.

Mit **Wen oder was?** fragen wir nach einem **Akkusativ-Objekt**. Mit **Wem?** fragen wir nach einem **Dativ-Objekt.**

Wen ärgern die Clowns?
Die Clowns ärgern einen Zuschauer.
Wem gibt der Zauberer das Kaninchen?
Der Zauberer gibt ihm das Kaninchen.

1 Was machen die Kinder auf dem Bild? Bilde Sätze.
a. Übertrage die Tabelle in dein Heft. Nimm die Seite quer.
b. Trage die Sätze in die Felder ein.
c. Finde noch eigene Sätze.

jonglieren | balancieren | nass spritzen | liegen | bauen | zaubernder Freund

Vorfeld	linkes Verbfeld	Mittelfeld	rechtes Verbfeld
Zwei Kinder	fahren	mit dem Einrad.	

2 Formuliere abwechslungsreiche Sätze, indem du die Satzglieder umstellst.

Der Zirkusdirektor muss bei der Vorstellung die Kinder ankündigen.

3 a. Beantworte die Fragen. Schreibe die Sätze auf.
b. Markiere in jedem Satz das Subjekt.

Wer springt Trampolin?

Trampolin springt ______________________________.

Wer balanciert über das Seil?

____

Wer fährt mit dem Einrad?

____

c. Bilde einen weiteren Satz anhand des Bildes und markiere das Subjekt.

____

Frau Neumann verteilt die Requisiten.

4 a. Beantworte die Fragen. Schreibe die Sätze auf.
b. Markiere in jedem Satz das Dativ-Objekt.

Wem gehört die Spritzpistole?

____

Wem gehören die Keulen?

____

Wem gehört der Zylinder?

____

c. Bilde einen weiteren Satz und markiere das Dativ-Objekt.

____

Frau Lehmann hat eine Liste gemacht.

Die Akrobaten tragen schwarze Leggings und weiße T-Shirts.
Der Clown bekommt eine karierte Latzhose.
Der Zirkusdirektor benötigt einen schwarzen Anzug.
Die Seiltänzerin trägt einen weißen Rock.

5 Markiere in den Sätzen die Antworten auf die Frage Wen oder was?.

Die Satzglieder – die adverbialen Bestimmungen

Wissen kompakt

Mit einer **adverbialen Bestimmung des Ortes** können wir ausdrücken, wo etwas geschieht. Wir fragen mit **Wo?**, **Woher?** oder **Wohin?**.	*Wo steht die Zirkusband?* *Die Zirkusband steht auf der Empore.*
Mit einer **adverbialen Bestimmung der Zeit** können wir ausdrücken, wann etwas geschieht. Wir fragen mit **Wann?** oder **Wie lange?**.	*Wann dürfen die Zuschauer klatschen?* *Sie dürfen immer klatschen.*

Der Abend der Aufführung.

Am Freitagabend findet die Aufführung statt. Sie beginnt um 18 Uhr. Das Programm dauert eine Stunde.

1 a. Ergänze die Fragen und schreibe die Antworten auf.
b. Markiere die Antworten auf die Frage Wann? und Wie lange?.

Wann findet die Aufführung statt?

____

Wann ______________________________?

____

Wie lange ______________________________?

____

Lillis Eltern sitzen schon auf der Tribüne. Frau Neumann läuft zur Musiktechnik.

2 a. Ergänze die Fragen und schreibe die Antworten auf.
b. Markiere die Antworten auf die Frage Wo? und Wohin?.

Wo ______________________________?

____

Wohin ______________________________?

____

Die Satzglieder – Satzfelder und Umstellprobe

Wissen kompakt

Ein Satz lässt sich in verschiedene Satzfelder einteilen:

Vorfeld	Klammer, Verb (linkes Verbfeld)	Mittelfeld	Klammer, Verb (rechtes Verbfeld)	Nachfeld
Naomi und ihre Eltern	*planen*	*ihren Umzug.*		
Sie	*wollen*	*in eine größere Wohnung*	*ziehen,*	*damit Naomi ihr eigenes Zimmer hat.*

Das Nachfeld kann genauere Angaben beinhalten, z. B. in Form von Nebensätzen.
Die Information, die im Satz betont werden soll, steht im Vorfeld.

Das eigene Zimmer

Naomi und ihre Schwester teilen sich ein Zimmer. Die neue Wohnung ist nun etwas größer und die Schwestern sind aufgeregt, weil beide dort ein Zimmer für sich allein bekommen. Naomi überlegt, was sie behält und was sie noch zusätzlich benötigt.

1 Bilde aus den folgenden Satzbausteinen vollständige Sätze.
- **a.** Markiere in jedem Satz, welche Information du betonen möchtest.
- **b.** Stelle diese Information an den Anfang und schreibe den vollständigen Satz in dein Heft. Achte auf die richtige Personalform und Stellung des Verbs.
- **c.** Ziehe nach jedem Satzfeld einen senkrechten roten Strich.

ihre Lieblingsbücher | Naomi | auf jeden Fall | behalten wollen
brauchen | einen großen Schreibtisch | in der neuen Wohnung | sie | weil sie gewachsen ist
ihrer kleinen Schwester | die Kuscheltiere | schenken können | Naomi
damit sie ihre Kleidung einpacken kann | haben gegeben | Naomis Eltern | mehrere Kartons | ihr

2 Was würdest du aus deinem Zimmer mitnehmen oder noch benötigen? Schreibe dazu mindestens drei Sätze auf.
- **a.** Übertrage die Tabelle in dein Heft. Nimm die Seite quer.
- **b.** Trage die Sätze in die Felder ein.
- **c.** Betone eine andere Information und stelle deine Sätze um. Schreibe die umgestellten Sätze auch in die Tabelle.

Vorfeld	*Klammer, Verb (linkes Verbfeld)*	*Mittelfeld*	*Klammer, Verb (rechtes Verbfeld)*	*Nachfeld*
Ich	*würde*	*meine Kuscheltiere*	*mitnehmen,*	*weil sie mir wichtig sind.*

Die Satzglieder – Prädikat, Subjekt und Objekte

Wissen kompakt

Mit **Was tut?** oder **Was hat getan?** fragen wir nach dem Prädikat. Das Prädikat besteht aus einem Verb. Es kann auch **aus mehreren Teilen** bestehen. Sie bilden eine Klammer.

Was tut Naomi? Naomi sortiert ihre Sachen.

Was tut ihre Schwester?
Ihre Schwester packt die Sachen ein.

Mit **Wer oder was?** fragen wir nach dem **Subjekt**, das eine Person oder Sache sein kann und aus einem oder mehreren Wörtern besteht.

Wer räumt auf? Naomi räumt auf.
Was steht im Weg?
Der Stuhl steht im Weg.

Mit **Wen oder was?** fragen wir nach einem **Akkusativ-Objekt**.

Wen ruft die Mutter an?
Die Mutter ruft eine Freundin an.

Mit **Wem?** fragen wir nach einem **Dativ-Objekt**.

Wem gehört das Werkzeug?
Dem Vater gehört das Werkzeug.

Mit **Worauf? Womit? Wovor? Mit wem?** … erfragen wir ein **Präpositional-Objekt**. In der Frage ist die Präposition enthalten.

Auf wen wartet die Familie?
Die Familie wartet auf die Umzugshelfer.

Der Umzug beginnt und alle Familienmitglieder sind aufgeregt.

1 Schreibe die Sätze in dein Heft. Ergänze die passende Frage nach dem markierten Satzglied und bestimme es.

Die Uhr will Naomi unbedingt noch einpacken.

Ihre Schwester läuft schnell in die Küche.

Sie möchte ihrer Mutter etwas geben.

Die Mutter schimpft.

Der Hammer ist auf ihren Fuß gefallen.

2 **a.** Bilde aus folgenden Satzbausteinen vollständige Sätze in deinem Heft.
b. Unterstreiche alle Subjekte blau, Prädikate rot, Akkusativ-Objekte grün, Dativ-Objekte gelb und alle Präpositional-Objekte braun.

sich freuen | der Vater | auf den Umzug
wohnen | in einer größeren Wohnung | die Familie | endlich
Naomi | ihr eigenes Zimmer | kaum | erwarten können
die aussortierten Kuscheltiere | ihrer Schwester | nun | gehören

Die Satzglieder – die adverbialen Bestimmungen

Wissen kompakt

Mit einer **adverbialen Bestimmung des Ortes** können wir ausdrücken, wo etwas geschieht. Wir fragen mit **Wo?, Woher?** oder **Wohin?**.

Wo steht der Umzugswagen?
Der Umzugswagen steht auf der Straße.

Mit einer **adverbialen Bestimmung der Zeit** können wir ausdrücken, wann etwas geschieht. Wir fragen mit **Wann?** oder **Wie lange?**.

Wann dürfen die Helfer Pause machen?
Sie dürfen gleich Pause machen.

Mit einer **adverbialen Bestimmung der Art und Weise** (modal) können wir ausdrücken, wie oder womit etwas geschieht. Wir fragen mit **Wie?** oder **Womit?**.

Wie erwartet der Vater den Umzug?
Voller Freude erwartet der Vater den Umzug.

Mit einer **adverbialen Bestimmung des Grundes** können wir ausdrücken, warum etwas geschieht. Wir fragen mit **Warum?**.

Warum läuft alles gut?
Wegen der guten Planung läuft alles gut.

In der neuen Wohnung

In der neuen Wohnung herrscht zunächst ein großes Chaos. Alle Kartons und Möbel werden schnell aus dem Transporter geladen. Die Umzugshelfer bringen zwischen 9 Uhr und 11 Uhr alle Möbel nach oben. Wegen der vielen großen Kartons bleibt zum Aufbau der Möbel nur wenig Platz.

1 Markiere alle adverbialen Bestimmungen im Text. Notiere das passende Fragewort und die adverbiale Bestimmung dazu.

Beispiel: *Wo? in der neuen Wohnung*

2 **a.** Bilde zu jeder folgenden adverbialen Bestimmung einen sinnvollen Satz in deinem Heft.
b. Schreibe in Klammern dahinter, um was für eine adverbiale Bestimmung es sich handelt.

im Wohnzimmer | in Naomis Zimmer | freudig | wegen der anstrengenden Arbeit | im Kleiderschrank | abends | mit viel Glück | müde und erschöpft | am nächsten Tag

Satzarten und Satzzeichen

Wissen kompakt

Es gibt **Aussagesätze**, **Fragesätze**, **Ausrufesätze** und **Aufforderungssätze**. Das Satzzeichen (Punkt, Frage- oder Ausrufezeichen) kennzeichnet das Ende eines Satzes.	*Jana ist in einer Fußballmannschaft. Möchtest du mal zum Training kommen? Los, trau dich!*
Konjunktionen, z. B. **weil** (**Begründung**) oder **wenn** (**Bedingung**), verbinden Sätze. Das konjugierte Verb steht am Ende des Nebensatzes. Vor **weil** und **wenn** steht ein **Komma**.	*Leonie möchte erst mal zuschauen, **weil** sie sich noch nicht traut. Sie möchte mitmachen, **wenn** ihr das Training gefällt.*

Auf der Klassenfahrt

Die 6. Klasse ist auf Klassenfahrt☐ Sie wohnt in der Jugendherberge☐ Die Schüler haben sich schon lange darauf gefreut☐ Elsa fragt: „Was machen wir zuerst☐" Die Lehrerin antwortet: „Wenn wir angekommen sind, beziehen wir die Betten☐" Lisa ruft: „Mir tut der Arm weh☐ Das ist für mich zu anstrengend☐ Wer hilft mir dabei☐" Elsa antwortet: „Ich kann dir gerne helfen☐" Lisa ruft: „Du bist die Beste☐"

1 **a.** Lies den Text und ergänze die Satzzeichen am Ende der Sätze.
b. Bestimme die Satzart. Markiere die Aussagesätze blau, die Fragesätze rot und die Ausrufe- und Aufforderungssätze grün.

2 **a.** Verbinde die Sätze mit weil oder wenn und schreibe sie neu auf.
b. Markiere das Verb im weil- oder wenn-Satz und setze das Komma ein.

„Ich bin mutig. Ich springe vom Turm."

„Ich trainiere alle Muskeln. Ich schwimme."

„Ich finde Schwimmen toll. Ich bin so leicht im Wasser. "

„Ich mag Schwimmen nicht. Danach muss ich die Haare trocknen."

Satzgefüge

Wissen kompakt

Satzgefüge bestehen aus einem **Hauptsatz und** mindestens einem **Nebensatz**. Der Nebensatz erklärt, **warum** (weil), unter welcher **Bedingung** (wenn), zu welchem **Zweck** (damit) oder **wann** (während, bevor) etwas geschieht. Die gebeugte Verbform (wollen – er will) steht an **letzter Stelle**.

*Ömer informiert sich über das Stand-up-Paddeln, **weil** er es gerne einmal ausprobieren **will**.*
Anna kommt auch mit. Sie mag Wassersport.
*Anna kommt auch mit, **weil** sie Wassersport **mag**.*

Das Stand-up-Paddeln (SUP) auf dem See

Die Mitarbeiter legen die SUP-Bretter bereit. Die Jugendlichen ziehen sich gleichzeitig ihren Neoprenanzug an. | Niemand friert. Alle tragen an windigen Tagen einen Neoprenanzug. | Man steigt erst in etwas tieferem Wasser auf das Board. Die Finne[1] darf nicht den Boden berühren. | Ganz langsam kommt man aus dem Sitzen oder Liegen in den Stand. Man verliert nicht das Gleichgewicht und steht sicher. | Man möchte vorwärtskommen. Man muss auf dem Brett stehen und kräftig paddeln.

[1] Finne: wie eine Flosse; unter dem SUP-Brett befestigt, um sich nicht so schnell zu drehen

1 Verbinde immer zwei Sätze zu Satzgefügen aus Haupt- und Nebensatz mithilfe der Konjunktionen und schreibe sie in dein Heft. Tipp: Achte auf die richtige Stellung der gebeugten Verbform.

damit (2x)
wenn
weil/da
während

2 Markiere die Konjunktionen in deinem Text orange.

3 **a.** Setze im folgenden Text die fehlenden Konjunktionen ein.
b. Markiere die Konjunktionen orange.
c. Unterstreiche die Hauptsätze blau und die Nebensätze grün.

damit (2x)
während
wenn
weil

__________ es beim SUP windig wird, ist das Halten des Gleichgewichts schwierig. Man muss durch das Paddeln den Wind ausgleichen, __________ man den Kurs hält und an seinem Ziel ankommt. __________ Windsurfer den Wind lieben, ist er auf dem SUP-Board eher von Nachteil. Die Finne ist am hinteren Teil des Boards angebracht, __________ man mehr Richtungsstabilität erhält und sich nicht im Kreis dreht. __________ auch Anfänger das SUP schnell erlernen können, ist es eine sehr beliebte Sportart.

Wörter verlängern und ableiten

Wissen kompakt

Wenn ich nicht genau hören kann, mit welchem Buchstaben ein Wort endet, **verlängere** ich das Wort.

Bei Nomen bilde ich den **Plural** (die Mehrzahl):
***d* oder *t*?** *der Stran? – die Strände, also: der Strand.*
Adjektive verwende ich in einer **Wortgruppe**:
***g* oder *k*?** *klu? – der kluge Junge, also: klug.*
Von Verben bilde ich die **Grundform**:
***b* oder *p*?** *er to?t – toben, also: er tobt.*

Bist du unsicher, ob ein Wort mit ä oder mit äu geschrieben wird? Wörter mit ä und äu kannst du von **verwandten Wörtern mit a und au** ableiten.

1 a. Verlängere die Nomen, indem du die Pluralform bildest.
b. Ergänze den richtigen Buchstaben und schreibe beide Wörter in dein Heft.
c. Markiere den Buchstaben, den du beim Verlängern herausgefunden hast.

der Urlau? – die Urlaube, also: der Urlaub

2 a. Verlängere die Adjektive, indem du mit ihnen Wortgruppen bildest.
b. Schreibe die Wortgruppen und das Adjektiv in deinem Heft auf.
c. Markiere den Buchstaben, den du beim Verlängern herausgefunden hast.

hal? | run? | star? | lie? | wil? | schlan?

der halbe Kuchen, also: halb

3 a. Verlängere die Verben, indem du die Grundform bildest.
b. Schreibe die Grundform und das Verb in deinem Heft auf.
c. Markiere den Buchstaben, den du beim Verlängern herausgefunden hast.

er schrei?t | sie brin?t | er ja?t | es wir? | sie schwei?t

schreiben, also: er schreibt

4 Finde zu den Wörtern mit ä und äu in den Sätzen verwandte Wörter und schreibe sie in die Lücke. Ergänze die passenden Buchstaben.
die Häuser, denn das Haus

Die R__ber rennen davon. ____________________

Der Schüler erh__lt einen Preis. ____________________

Der See gl__nzt in der Sonne. ____________________

Der Hals des Vogles schimmert bl__lich. ____________________

Wörter verlängern und ableiten

Wissen kompakt

Wenn ich nicht genau hören kann, mit welchem Buchstaben ein Wort endet, **verlängere** ich das Wort.

Bei Nomen bilde ich den **Plural** (die Mehrzahl):
***d* oder *t*?** *der Stran? – die Strän**d**e, also: der Stran**d**.*
Adjektive verwende ich in einer **Wortgruppe**:
***g* oder *k*?** *klu? – der klu**g**e Junge, also: klu**g**.*
Von Verben bilde ich die **Grundform**:
***b* oder *p*?** *er to?t – to**b**en, also: er to**b**t.*

Bist du unsicher, ob ein Wort mit ä oder mit äu geschrieben wird? Wörter mit ä und äu kannst du von **verwandten Wörtern mit a und au** ableiten.

Der Klassenausflu? zum Rodelber?

Früh morgens | ging es los. | Die Klasse 6 a | der Max-Frisch-Gesamtschule | stie? in den Bus | auf dem We? zum Winterausflu?. | Ein Ta? im Schnee | war das Ziel. | Alle Kinder hatten | warme Sachen an, | neben der Mütze | und dem Schneeanzu? | durften die Han?schuhe | nicht fehlen. | Nach einer kurzen Ber?wanderung | erreichte jedes Kin? | den Startpunk?. | Alle rodelten wil? | den Ber? herunter. | Am frühen Nachmitta? | wan?te die Klasse müde, | aber glücklich und gesun? | wieder zurück nach Hause. |

1 **a.** Verlängere die Lückenwörter und entscheide ihre Schreibung.
- Ordne die Lückenwörter den entsprechenden Wortarten zu (Nomen, Adjektiv oder Verb) und schreibe sie in eine Tabelle.
- Setze vor jedes Nomen den bestimmten Artikel und schreibe den Plural dazu.
- Schreibe zu jedem Adjektiv eine Wortgruppe.
- Schreibe die Verben im Infinitiv auf.

b. Schreibe den Text in dein Heft.

2 **a.** Leite die Schreibung folgender Wörter ab, indem du verwandte Wörter mit **a/au** findest.
b. Bilde zu jedem Wort einen Satz. Schreibe in dein Heft.

länger | die Sträucher | ängstlich | die Fläche | bräunlich | die Bälle | väterlich | die Fäuste

länger ← lang

Wörter verlängern und ableiten

Wissen kompakt

Wenn ich nicht genau hören kann, mit welchem Buchstaben ein Wort endet, **verlängere** ich das Wort.

Bei Nomen bilde ich den **Plural** (die Mehrzahl):
***d* oder *t*?** *der Stran? – die Strän**d**e, also: der Stran**d**.*
Adjektive verwende ich in einer **Wortgruppe**:
***g* oder *k*?** *klu? – der klu**g**e Junge, also: klu**g**.*
Von Verben bilde ich die **Grundform**:
***b* oder *p*?** *er to?t – to**b**en, also: er to**b**t.*

Bist du unsicher, ob ein Wort mit ä oder mit äu geschrieben wird? Wörter mit ä und äu kannst du von **verwandten Wörtern mit a und au** ableiten.

Mit dem Fahrra? zum See

Lisa macht eine Ra?tour. Sie f?hrt zum See, um dort im Stran?ba? den Ta? zu verbringen. Nach einem kurzen Anstie? am Ber?, der schwieri? war, erreicht sie hasti? ihr Ziel. Sie stellt das Ra? ab, holt ihr Gepäck aus dem Fahrradkor? und bezahlt den Eintritt mit ihrem Kleingel?. Nach kurzer Suche findet sie einen schönen Platz direkt am Stran?. Als St?rkun? nach der Tour gibt es ?pfel, frischen Kuchen vom B?cker, Limo und ein ausgiebiges Ba? im See.

1 **a.** Verlängere die Lückenwörter oder leite sie ab und entscheide ihre Schreibung.
- Ordne die Lückenwörter den entsprechenden Wortarten zu (Nomen, Adjektiv oder Verb) und schreibe sie in eine Tabelle.
- Setze vor jedes Nomen den bestimmten Artikel und schreibe den Plural dazu.
- Schreibe zu jedem Adjektiv eine Wortgruppe.
- Schreibe die Verben im Infinitiv auf.

b. Schreibe den Text in dein Heft.

2 **a.** Ergänze die Lücken. Schreibe die Wörter ab und ergänze das verwandte Wort.
b. Bilde zwei Sätze, in denen möglichst viele dieser Wörter vorkommen, und schreibe sie in dein Heft.

tr?men | f?rben | die Gr?ben | das G?stezimmer | ?ngstlich | s?ubern | m?chtig | t?glich | die R?me | n?her | die Schl?che | kr?ftig | k?flich | es f?llt | die H?nde

träumen ← der Traum

Merkwörter mit Wörterlisten üben

Wissen kompakt

Es gibt Wörter, deren richtige Schreibung du nicht durch Strategien oder Regeln herleiten kannst. Es sind **Merkwörter**. Du musst sie dir merken und immer wieder üben. Das Training mit **Wörterlisten** hilft dir dabei.

1 Welche Merkwörter möchtest du üben?

a. Wähle **eine** der folgenden Wörterlisten aus.

Liste 1: Merkwörter mit aa	Liste 2: Merkwörter mit ee	Liste 3: Merkwörter mit oo
der Aal	das Beet	der Zoo
der Staat	der Tee	das Moor
das Haar	die Beere	das Moos
das Paar	das Meer	das Boot
der Saal	der Klee	doof
das Aas	leer	der Koog

b. Schreibe die Wörter in Schönschrift auf.

2 a. Schreibe zu deiner Liste jeweils drei zusammengesetzte Nomen auf.

b. Prüfe, ob du die Wörter richtig geschrieben hast.

c. Streiche Fehlerwörter durch und schreibe die Wörter richtig auf.

das Haar – die Haarspange, der Tee – die Teetasse, der Zoo – die Zootiere

3 a. Bilde mit jedem Wort aus Aufgabe 2 einen Satz.

b. Prüfe, ob du die Wörter richtig geschrieben hast.

c. Streiche Fehlerwörter durch und schreibe die Wörter richtig darüber.

Merkwörter mit Wörterlisten üben

Wissen kompakt

Es gibt Wörter, deren richtige Schreibung du nicht durch Strategien oder Regeln herleiten kannst. Es sind **Merkwörter**. Du musst sie dir merken und immer wieder üben. Das Training mit **Wörterlisten** hilft dir dabei.

Liste: Merkwörter mit langem i	
der Igel	das Kaninchen
der Tiger	die Musik
der Liter	der Termin
das Kino	das Kilo
die Maschine	der Biber
die Margarine	der Ski
der Kamin	die Notiz

1 **a.** Schreibe die Wörter nach dem Alphabet geordnet auf.
b. Prüfe, ob du die Wörter richtig geschrieben hast.
c. Streiche Fehlerwörter durch und schreibe die Wörter richtig darüber.

____

____

____

2 **a.** Schreibe passende Wörter aus der Wörterliste in die Lücken.
b. Schreibe drei weitere Sätze mit Wörtern aus der Wörterliste in dein Heft.

Lisa holt ______________ aus dem Kühlschrank.

Ein ______________ Äpfel kosten 3 Euro.

Der Mechaniker repariert die ______________.

Der ______________ beim Zahnarzt ist morgen.

Heute gehen Lisa und Mert ins ______________.

Der ______________ schleicht in seinem Käfig herum.

Der Vater sammelt Holz für den ______________.

Merkwörter mit Wörterlisten üben

Wissen kompakt

Es gibt Wörter, deren richtige Schreibung du nicht durch Strategien oder Regeln herleiten kannst. Es sind **Merkwörter**. Du musst sie dir merken und immer wieder üben. Das Training mit **Wörterlisten** hilft dir dabei.

Liste: Merkwörter mit v	
das Klavier	der Vogel
vier	vormittags
der Advent	die Vase
der Vater	voll
violett	brav
vorbei	die Vanille

1 **a.** Schreibe die Wörter nach der Anzahl ihrer Silben in eine Tabelle.
b. Prüfe, ob du die Wörter richtig geschrieben hast.
c. Streiche Fehlerwörter durch und schreibe die Wörter richtig daneben.

eine Silbe	zwei Silben	drei Silben
vier		

2 **a.** Markiere die Fehler und schreibe die verbesserten Sätze in dein Heft.

Jedes Jahr, nachdem die Zugfögel an uns forbei Richtung Süden geflogen sind, beginnt eine besinnliche Zeit, die Adwentszeit. In der Küche riecht es nach Wanille und der Fater spielt Klawier. In einer Wase stehen fier Tannenzweige mit wioletten Weihnachtskugeln.

Achtung: Fehler!

b. Die Merkwörter mit v werden häufig falsch geschrieben. Erkläre, warum.

3 Übe die Wörter mit einer Tabelle mit drei Spalten.
a. Schreibe das Wort in die erste Spalte und präge es dir ein.
b. Decke die erste Spalte ab und schreibe nun das Wort auswendig in die dritte Spalte.
c. Prüfe, ob du das Wort richtig geschrieben hast.
d. Streiche Fehlerwörter durch und schreibe die Wörter richtig in die mittlere Spalte.

Wortfamilien richtig schreiben

Wissen kompakt

Wörter aus einer **Wortfamilie** haben den gleichen **Wortstamm**. Dieser wird in der Regel gleich geschrieben. Die folgenden Wörter gehören zu einer Wortfamilie: *die Fassung, anfassen, fassungslos, verfassen, die Verfassung, unfassbar …*

1 Schreibe die Wörter der Wortfamilie aus dem Bild auf.

a. Ordne die Wörter nach Wortarten. Schreibe vor jedes Nomen den bestimmten Artikel.

b. Markiere jeweils den Wortstamm.

c. Findest du weitere Wörter mit dem Wortstamm **-farb-**?

Tipp: Du kannst auch in einem Wörterbuch nachschlagen.

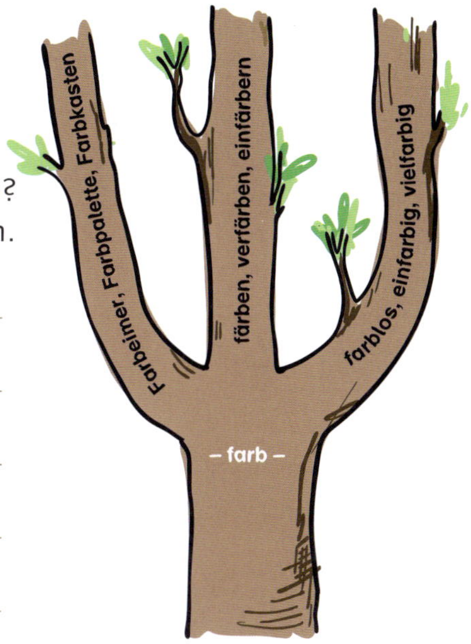

Nomen: *der Farbeimer* ______________________________

____

Verben: ______________________________

____

Adjektive: ______________________________

____

2 Bilde Verben der Wortfamilie setzen.

ein- | *ab-* | *auf-* | *aus-*

a. Schreibe sie nacheinander auf.

____

____

b. Setze das passende Verb ein. Bilde die passenden Verbformen.

Tipp: Lies erst alle Sätze einmal durch.

Die Spieler auf der Ersatzbank wurden beim Spiel nicht mehr ______________.

Um den Text zu lesen, muss sie sich die Brille ______________.

Beim Spiel „Mau-Mau" musste er andauernd ______________.

Das sieht zu komisch aus! Du solltest den lustigen Hut lieber ______________.

Wortfamilien richtig schreiben

Wissen kompakt

Wörter aus einer **Wortfamilie** haben den gleichen **Wortstamm**. Dieser wird in der Regel gleich geschrieben. Die folgenden Wörter gehören zu einer Wortfamilie:
die Fassung, anfassen, fassungslos, verfassen, die Verfassung, unfassbar …

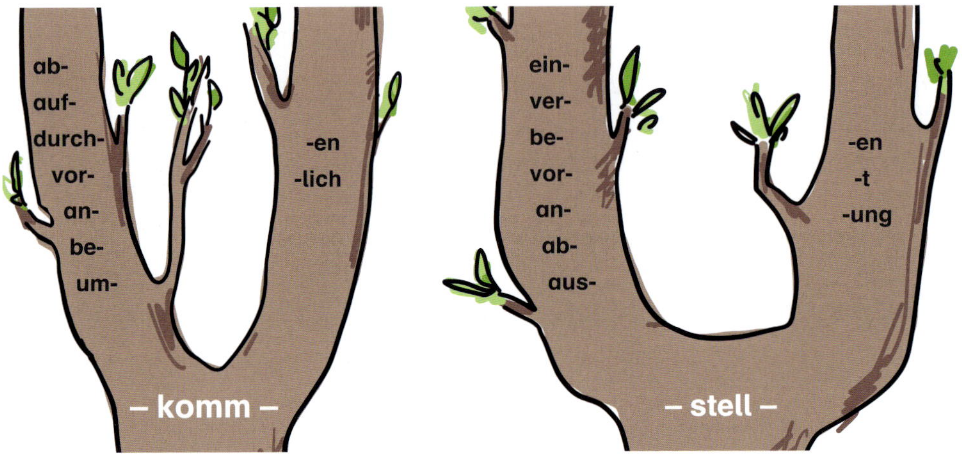

1 **a.** Bilde aus den Wortbausteinen je vier Wörter der Wortfamilien **komm**en und **stell**en und schreibe sie auf die Linien. Markiere jeweils den Wortstamm.
b. Finde weitere Wörter zu den Wortfamilien **komm**en und **stell**en.

Wortfamilie **komm**en: ______________________

____

____

Wortfamilie **stell**en: ______________________

____

____

2 Wähle zwei Wörter je Wortfamilie aus und bilde mit jedem Wort einen Satz.

____

____

____

____

____

Wortfamilien richtig schreiben

Wissen kompakt

Wörter aus einer Wortfamilie haben den gleichen **Wortstamm**. Dieser wird in der Regel gleich geschrieben. Die folgenden Wörter gehören zu einer **Wortfamilie**:
die Fassung, anfassen, fassungslos, verfassen, die Verfassung, unfassbar …

1 Die folgenden Wörter gehören zu vier unterschiedlichen Wortfamilien.

abnehmen | das Festhalten | weglaufen | die Vernehmung | lieben | verlieben | wir nehmen | der Liebesbrief | behalten | die Unterhaltung | die Unternehmung | liebevoll | auslaufen | der Dauerlauf | eislaufen | halten

a. Finde den Wortstamm für jede der vier Wortfamilien und trage ihn in die erste Zeile ein.
b. Ordne die Wörter ihrem Wortstamm zu, schreibe sie in die Tabelle und markiere den Wortstamm.
c. Ergänze mindestens zwei weitere Wörter zu jeder Wortfamilie.

-lauf-			

2 Schreibe einen kurzen Text über eine Freundin oder einen Freund, in dem mindestens je ein Mitglied aus jeder Wortfamilie vorkommt.

Fehler finden – der Rechtschreib-Check

Mit dem Rechtschreib-Check kannst du selbstständig überprüfen, ob du die Rechtschreibstrategien richtig angewendet hast. Hier findest du drei der fünf Checkpunkte:

Checkpunkt 2: Wörter verlängern
Wenn ich nicht genau hören kann, mit welchem Buchstaben das Wort endet, verlängere ich das Wort. Bei Nomen bilde ich dann die Mehrzahl (den Plural). Adjektive verwende ich in Wortgruppen. Bei Verben finde ich die Grundform (Infinitiv). Zusammensetzungen trenne ich und verlängere die einzelnen Wörter.

Checkpunkt 3: Wörter ableiten
In vielen Wörtern klingen **ä** und **e** ähnlich, **äu** und **eu** klingen gleich. Wörter mit **ä** und **äu** leite ich mir von verwandten Wörtern mit **a** oder **au** ab.

Checkpunkt 5: Wortfamilien richtig schreiben
Wörter aus einer Wortfamilie haben oft den gleichen Wortstamm. Finde andere Wörter aus der Wortfamilie, die du sicher schreiben kannst. Prüfe, ob das Wort eine Vor- oder eine Nachsilbe hat.

1 In den Sätzen sind einige Wörter hervorgehoben. Es sind Fehlerwörter.

a. Überprüfe die Sätze mit den angegebenen Checkpunkten.

Checkpunkt 2: *Der Berkführer erklärt der Wandergruppe die heimische Tierwelt.*
Checkpunkt 3: *Die schwarze Katze leuft über die Straße.*
Checkpunkt 5: *Wenn der Bus an einer Haltestelle bremst, muss man sich festhallten.*

b. Schreibe die Sätze fehlerfrei in dein Heft.

2 Der folgende Text enthält vier Rechtschreibfehler, die markiert sind.

Anna fehrt mit ihren Eltern in die Ferien nach Spanien. Die Familie freut sich auf den Sommerurlaub. Anna ist am liebsten den ganzen Tag am Strant, ihre Mama möchte viele schöne, alte Gebeude besichtigen und durch die vielen kleinen Läden schlendern. Annas Vater freut sich auf das spannische Essen. Alle hoffen auf gutes Wetter.

a. Schreibe die Fehlerwörter richtig auf. Notiere dahinter in Klammern die Nummer des verwendeten Checkpunkts.

fährt ________ (Checkpunkt *3: Wörter ableiten* ________)
________ (Checkpunkt ________)
________ (Checkpunkt ________)
________ (Checkpunkt ________)

b. Schreibe dann den Text fehlerfrei in dein Heft.

Fehler finden – der Rechtschreib-Check

Mit dem Rechtschreib-Check kannst du selbstständig überprüfen, ob du die Rechtschreibstrategien richtig angewendet hast. Hier findest du drei der fünf Checkpunkte:

Checkpunkt 2: Wörter verlängern
Wenn ich nicht genau hören kann, mit welchem Buchstaben das Wort endet, verlängere ich das Wort. Bei Nomen bilde ich dann die Mehrzahl (den Plural). Adjektive verwende ich in Wortgruppen. Bei Verben finde ich die Grundform (Infinitiv). Zusammensetzungen trenne ich und verlängere die einzelnen Wörter.

Checkpunkt 3: Wörter ableiten
In vielen Wörtern klingen **ä** und **e** ähnlich, **äu** und **eu** klingen gleich. Wörter mit **ä** und **äu** leite ich mir von verwandten Wörtern mit **a** oder **au** ab.

Checkpunkt 5: Wortfamilien richtig schreiben
Wörter aus einer Wortfamilie haben oft den gleichen Wortstamm. Finde andere Wörter aus der Wortfamilie, die du sicher schreiben kannst. Prüfe, ob das Wort eine Vor- oder eine Nachsilbe hat.

1 **a.** Im folgenden Text gibt es zehn Fehler. Markiere die Fehlerwörter.
Tipp: Die Ausrufezeichen am Rand helfen dir, die Fehlerwörter zu finden.

Tom fährt | mit seinem großen Bruder Jan | und seinem Vater | am
!! Wochenende | mit dem Farrad zelten. | Entlich geht es los. | Am Ziel
! angekommen | machen die drei | am Abent | ein Feuer | und grillen
! Würstchen. | Bevor sie schlafen gehen, | reumen sie | den Müll zusammen. |
Nachts wacht Peter | von einem Rascheln auf. | „Was ist das, | hört ihr es
!! auch?“, | frakt Peter Jan | und seinen Vater. | Jan flüstert engstlich: | „Da
! bewegt sich etwas, | hoffentlich ist es | nichts Gefehrliches!“ | Tatsächlich, |
! vor ihrem Zeld | raschelt und knistert es. | Der Vater schaut nach | und gibt
!! Entwarnung: | „Ihr braucht | keine Ankst zu haben, | es sind nur zwei Meuse.“

b. Schreibe die Fehlerwörter richtig auf. Notiere dahinter in Klammern die Nummer des verwendeten Checkpunkts.

______ (Checkpunkt ___)	______ (Checkpunkt ___)
______ (Checkpunkt ___)	______ (Checkpunkt ___)
______ (Checkpunkt ___)	______ (Checkpunkt ___)
______ (Checkpunkt ___)	______ (Checkpunkt ___)
______ (Checkpunkt ___)	______ (Checkpunkt ___)

c. Schreibe den Text fehlerfrei in dein Heft.

Fehler finden – der Rechtschreib-Check

Mit dem Rechtschreib-Check kannst du selbstständig überprüfen, ob du die Rechtschreibstrategien richtig angewendet hast. Hier findest du drei der fünf Checkpunkte:

Checkpunkt 2: Wörter verlängern
Wenn ich nicht genau hören kann, mit welchem Buchstaben das Wort endet, verlängere ich das Wort. Bei Nomen bilde ich dann die Mehrzahl (den Plural). Adjektive verwende ich in Wortgruppen. Bei Verben finde ich die Grundform (Infinitiv). Zusammensetzungen trenne ich und verlängere die einzelnen Wörter.

Checkpunkt 3: Wörter ableiten
In vielen Wörtern klingen **ä** und **e** ähnlich, **äu** und **eu** klingen gleich. Wörter mit **ä** und **äu** leite ich mir von verwandten Wörtern mit **a** oder **au** ab.

Checkpunkt 5: Wortfamilien richtig schreiben
Wörter aus einer Wortfamilie haben oft den gleichen Wortstamm. Finde andere Wörter aus der Wortfamilie, die du sicher schreiben kannst. Prüfe, ob das Wort eine Vor- oder Nachsilbe hat.

1 Der folgende Text enthält zwölf Rechtschreibfehler.
a. Markiere die Fehlerwörter.

Mein Garten

In unserem kleinen Garten ferbringe ich viel Zeit. Ich sitze auf der Bank unter dem Apfelbaum und lese ein Buch. Manchmal hengen wir Lampions in den Baum. Die schaukeln dann so schön im Wint. Im Garten befindet sich auch ein kleiner Teich mit einem Stek darüber. Manchmal sitze ich darauf, um die Blätter aufzunemen, die ins Wasser fallen. Im Moment tregt der Apfelbaum viele weiße Blüten, so viel, man glaupt es kaum. Die fleißigen Bienen fliegen umher und besteuben alle Blüten. Die Vögel singen ihr Liet. Ich freue mich jetzt schon auf die Zeit, wenn die leckeren grünen Äpfel am Baum hengen und dann herunterfalen. Die Zeit ist mir die liepste.

b. Schreibe die Fehlerwörter richtig auf. Notiere dahinter in Klammern die Nummer des verwendeten Checkpunkts.

______________ (Checkpunkt ____)   ______________ (Checkpunkt ____)

______________ (Checkpunkt ____)   ______________ (Checkpunkt ____)

______________ (Checkpunkt ____)   ______________ (Checkpunkt ____)

______________ (Checkpunkt ____)   ______________ (Checkpunkt ____)

______________ (Checkpunkt ____)   ______________ (Checkpunkt ____)

______________ (Checkpunkt ____)   ______________ (Checkpunkt ____)

c. Schreibe den Text fehlerfrei in dein Heft.

Zusammengesetzte Nomen, wörtliche Rede

Wissen kompakt

Ein **zusammengesetztes Nomen** ist ein neu gebildetes Nomen aus zwei eigenständigen Wörtern, dabei kann es sich um **Nomen + Nomen** (*der Garten + die Hütte = die Gartenhütte*) oder **Adjektiv + Nomen** (*hoch + das Haus = das Hochhaus*) handeln. Das letzte Wort ist das **Grundwort** und bestimmt den Artikel. Das erste Wort ist das **Bestimmungswort** und erklärt die Bedeutung genauer.

Die **wörtliche Rede** steht immer in **Anführungszeichen („…“)**.
Steht der **Begleitsatz vorn**, wird er mit einem **Doppelpunkt** abgeschlossen:
Er sagte: „Ich bin froh.“
Steht der **Begleitsatz hinten**, dann wird zwischen wörtlicher Rede und Begleitsatz ein **Komma** gesetzt: *„Ich bin froh“, sagte er.*

Ein Tag auf der Kinderstation

Tarik besuchte | am Boys'Day die **Kinderstation.** | Er wollte wissen, | ob ihm die Pflege | von Patienten gefallen würde. | Sofort hatte er | einiges zu tun. | Er musste | mit einer Pflegerin | die Betten machen. | Dazu gab es | neue **Bettlaken** und neue **Bettbezüge.** | Später holte er | aus der Küche im **Neubau** | das **Frühstück** für die **Kleinkinder.** | Es gab **Graubrot** mit Wurst. | Einige Kinder | mochten das nicht. | „Probiert wenigstens | einen Bissen“, | bettelte Tarik. | Aber das nutzte nichts. | Da griff Tarik | zu einem Trick. | Er holte eine **Ketchupflasche** | aus dem **Kühlschrank.** | „Jetzt dürft ihr | lustige Gesichter | auf die **Wurstscheiben** malen“, | sagte er. | Dazu servierte er | etwas **Rohkost.** | Im Nu | waren die Brote verputzt.

1 Im Text sind einige Zusammensetzungen markiert.
a. Schreibe die Zusammensetzungen Nomen + Nomen mit Artikel auf.
b. Zerlege die Zusammensetzungen Nomen + Adjektiv in die Bestandteile.

Nomen + Nomen: *die Kinderstation,* ______________________

____

Adjektiv + Nomen: *Neubau = neu + Bau,* ______________________

____

2 Bilde aus den Nomen und Adjektiven Zusammensetzungen. Schreibe in dein Heft.

klein | bunt | schnell | der Garten | das Papier | die Bahn

3 Ergänze in folgenden Sätzen die Satz- und Redezeichen.

Tarik erzählte Ich habe sehr viel gearbeitet
Am Nachmittag war ich ganz schön geschafft sagte Tarik

Zusammengesetzte Nomen, wörtliche Rede

Wissen kompakt

Ein **zusammengesetztes Nomen** ist ein neu gebildetes Nomen aus zwei eigenständigen Wörtern, dabei kann es sich um **Nomen + Nomen** (*der Garten + die Hütte = die Gartenhütte*), **Adjektiv + Nomen** (*hoch + das Haus = das Hochhaus*) oder **Verb + Nomen** (*liegen + der Stuhl = der Liegestuhl*) handeln. Das letzte Wort ist das Grundwort und bestimmt den Artikel. Das erste Wort ist das **Bestimmungswort** und erklärt die Bedeutung genauer.

Die **wörtliche Rede** steht immer in **Anführungszeichen („...“)**. Steht der **Begleitsatz vorn**, wird er mit einem **Doppelpunkt** abgeschlossen: *Er sagte: „Ich bin froh.“* Steht der **Begleitsatz hinten**, dann wird zwischen wörtlicher Rede und Begleitsatz ein **Komma** gesetzt: *„Ich bin froh“, sagte er.*

Ein Tag im Sportgeschäft

Hanna interessiert sich | für Mode und Sport. | Daher verbringt sie | den Girls'Day | in einem Sportgeschäft. | Schon an der Eingangstür | wird sie vom Filialleiter, | Herrn Müller, | empfangen. | Stolz zeigt er Hanna | das Geschäft mit dem Warenlager. | Am Nachmittag sortiert sie | die Billigangebote, | säubert die Umkleidekabinen | und stellt | die neuen Wanderschuhe | in das Schaufenster. | Am Abend stöhnt sie: | „Puh, das war anstrengend.“

1 Markiere im Text die Zusammensetzungen von Nomen + Nomen rot, Nomen + Adjektiv gelb und Nomen + Verb blau.

2 Übertrage die Tabelle in dein Heft.
a. Sortiere die Zusammensetzungen ein.
b. Zerlege dabei die Zusammensetzungen.

Nomen + Nomen	*Adjektiv + Nomen*	*Verb + Nomen*
...	*billig + das Angebot = das Billigangebot*	...

3 Bilde weitere Zusammensetzungen und ergänze die Tabelle.

Nomen: *die Tür | das Haus | die Arbeit | der Garten | die Schicht | der Schüler | die Kabine*
Adjektive: *klein | hoch | früh* *Verben:* *spielen | umkleiden | fahren*

4 Im Trainingstext findest du eine wörtliche Rede.
a. Schreibe die wörtliche Rede in dein Heft.
b. Unterstreiche den Begleitsatz.
c. Stelle die wörtliche Rede so um, dass der Begleitsatz hinten steht, und schreibe den Satz mit den richtigen Satz- und Redezeichen ebenfalls auf.

Zusammengesetzte Nomen, wörtliche Rede

Wissen kompakt

Ein **zusammengesetztes Nomen** ist ein neu gebildetes Nomen aus zwei eigenständigen Wörtern, dabei kann es sich um **Nomen + Nomen** (*der Garten + die Hütte = die Gartenhütte*), **Adjektiv + Nomen** (*hoch + das Haus = das Hochhaus*) oder **Verb + Nomen** (*liegen + der Stuhl = der Liegestuhl*) handeln. Das letzte Wort ist das **Grundwort** und bestimmt den Artikel. Das erste Wort ist das **Bestimmungswort** und erklärt die Bedeutung genauer.

Die **wörtliche Rede** steht immer in **Anführungszeichen („...")**. Steht der **Begleitsatz vorn**, wird er mit einem **Doppelpunkt** abgeschlossen: *Er sagte: „Ich bin froh."*
Steht der Redebegleitsatz **nach** der wörtlichen Rede oder wird er **eingeschoben**, wird er durch ein Komma abgetrennt: *„Ich bin froh", sagte er. „Ich bin froh", sagte er, „dass es dir besser geht."*

Ein Tag in der Facharztpraxis

Karim möchte mal einen Heilberuf ergreifen. Den Boys'Day verbringt er in einer Facharztpraxis. Die befindet sich in einem Hochhaus. Das Wartezimmer ist sehr voll. „Der Nächste, bitte!", ruft eine Helferin, „das Sprechzimmer 4 ist frei." Die Zeit vergeht rasch. In der Mittagspause informiert Karim sich über die Berufsausbildung eines Arzthelfers und über den Studiengang Medizin. Denn vielleicht wird er an einer Hochschule studieren.

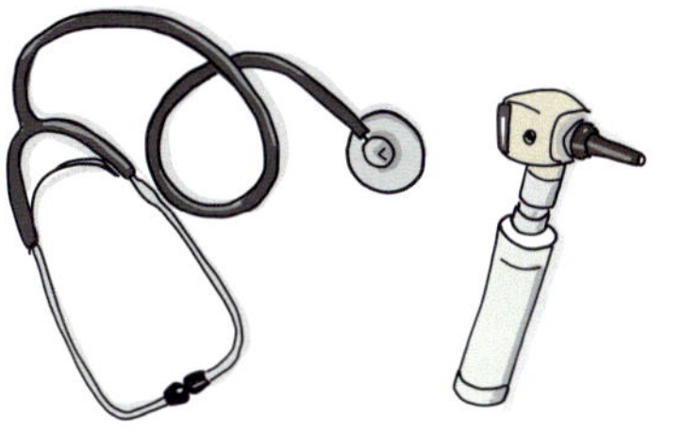

1 Finde im Text die Zusammensetzungen und schreibe sie auf.

Nomen + Nomen: ______________________

____

Adjektiv + Nomen: ______________________

____

Verb + Nomen: ______________________

____

2 Finde weitere Zusammensetzungen zum Thema „Arztbesuch" und ergänze.

3 **a.** Schreibe einen Satz mit einer wörtlichen Rede auf. Der Redebegleitsatz soll vor und nach der wörtlichen Rede stehen sowie eingeschoben sein.
b. Unterstreiche jeweils den Begleitsatz und markiere die Satz- und Redezeichen.

4 Schreibe den Trainingstext Ein Tag in der Facharztpraxis ab. Schreibe in dein Heft.

Verben werden zu Nomen, Komma bei Aufzählungen

Wissen kompakt

Aus **Verben** können **Nomen** werden. Der Artikel **das** und die Wörter **zum**, **beim** und **vom** machen aus Verben Nomen:
*lesen – Ich liebe das **L**esen. / Ich komme heute nicht zum **L**esen. / Stör mich nicht beim **L**esen! / Ich habe vom **L**esen Kopfweh.*

Die Wörter einer **Aufzählung** werden durch Kommas voneinander getrennt. Das letzte Glied einer Aufzählung kann durch **und** bzw. **oder** angehängt werden. Vor und/oder steht kein Komma: *Der Film war gut, lang, spannend **und** aufregend.*

Das schwerste Buch der Welt?

Ein ganz schweres Buch | ist das „Spürnasenbuch". | Es ist 5,50 Meter dick | und wiegt | ungefähr so viel | wie drei erwachsene Männer. | Viele Schülerinnen und Schüler | haben sich Geschichten ausgedacht. | **Beim** Schreiben hatten sie | gute Ideen, Gedanken und Einfälle. | Aber **vom** Nachdenken | haben einige | sicher Kopfschmerzen bekommen. | Doch **das** Lesen, Schreiben, | Blättern oder Vorlesen | machte ihnen | sehr viel Freude. | Und alle haben gelernt, | dass man **zum** Arbeiten | auch Geduld braucht. | Die Aktion der „Stiftung Lesen" | sollte Kinder und Jugendliche | für Bücher begeistern.

1 Wer hat die Aktion veranstaltet? Schreibe deine Antwort in einem Satz auf.

____

2 Im Trainingstext sind die Signalwörter **das**, **zum**, **beim** und **vom** markiert.
a. Verwende diese Signalwörter und mache aus den folgenden Verben Nomen.
b. Unterstreiche das Signalwort und markiere den Großbuchstaben.

fahren: *das **F**ahren,* ____________ ____________
____________ ____________ ____________

reden: *das **R**eden,* ____________ ____________
____________ ____________ ____________

3 Mache aus dem Verb **lachen** ein Nomen. Schreibe einen Satz mit dem neuen Nomen auf.

____

4 Finde im Text die beiden Aufzählungen.
a. Schreibe die Sätze mit den Aufzählungen in dein Heft.
b. Unterstreiche die Aufzählungen und markiere die Kommas.

Verben werden zu Nomen, Komma bei weil

Wissen kompakt

Aus **Verben** können **Nomen** werden (Nominalisierung). Der Artikel **das** und die Wörter **zum**, **beim**, **im** und **vom** machen aus Verben Nomen:
*lesen – Ich liebe das **L**esen. / zum **L**esen / beim **L**esen / im **L**esen / vom **L**esen.*
Auch ein **Possessivpronomen** kann ein Signalwort sein: *lachen – Ich liebe dein **L**achen.*

Die Konjunktion **weil** leitet einen Nebensatz ein. Nebensätze mit **weil** können vor oder nach dem Hauptsatz stehen und werden durch ein Komma vom Hauptsatz getrennt: *Ich liebe das Lesen, **weil** es meine Fantasie anregt.*

Das kleinste Buch der Welt?

Zum Lesen dieses Buches | braucht man | eine starke Brille, | ein Vergrößerungsglas | oder eine Lupe, | weil es nur so groß | wie ein Streichholzkopf ist. | Beim Umblättern benötigst du | eine ruhige Hand, | eine kleine Pinzette | und viel Zuversicht. | Dein Zittern könnte | schon Schaden anrichten. | Bist du im Lesen gut? | Dann könntest du vielleicht | die kleinen Buchstaben entziffern. | Die sind zwar | mit bloßem Auge | nicht zu erkennen, | aber für den Spottpreis | von 235 Euro | wird die Lupe | zum Lesen | gleich mitgeliefert. | Das Büchlein kann man | im Druckereimuseum | in Tokio kaufen.

1 Wie groß ist das vermutlich kleinste Buch der Welt? Schreibe einen Satz auf.

____

2 Markiere im Text die Signalwörter, die aus Verben Nomen machen.

3 **a.** Finde das Possessivpronomen, das aus einem Verb ein Nomen macht.
b. Schreibe den Satz auf.
c. Unterstreiche das Possessivpronomen.

lachen: *mein Lachen,* ________ ________ ________

rufen: *mein Rufen,* ________ ________ ________

4 Mache aus Verben Nomen. Verwende dazu die Possessivpronomen mein, dein, unser, euer.

5 Im Text findest du einen Nebensatz mit weil.
a. Unterstreiche den Nebensatz mit weil und markiere das Komma.
b. Um welches Satzschema handelt es sich? Kreuze an.

☐ Hauptsatz, Nebensatz mit weil ☐ Nebensatz mit weil, Hauptsatz

Verben werden zu Nomen, Komma bei weil

Wissen kompakt

Aus **Verben** können **Nomen** werden (Nominalisierung). Der Artikel **das** und die Wörter **zum**, **beim**, **im** und **vom** machen aus Verben Nomen:
*lesen – Ich liebe das **L**esen. / zum **L**esen / beim **L**esen / im **L**esen / vom **L**esen.*
Auch **Possessivpronomen** oder **Adjektive** können Signalwörter sein:
*lachen – Ich liebe dein **L**achen. Nettes **L**achen kann andere anstecken.*

Die Konjunktion **weil** leitet einen Nebensatz ein. Nebensätze mit **weil** können vor oder nach dem Hauptsatz stehen und werden durch ein Komma vom Hauptsatz getrennt:
*Ich liebe das Lesen, **weil** es meine Fantasie anregt.*

Der längste Satz?

Fällt dir beim Lesen auch auf, dass lange Sätze schwer zu verstehen sind? Forscher haben festgestellt, schnelles Lesen ist abhängig von der Satzlänge, gutes Verstehen auch. Aber Schriftsteller denken nicht immer so. Das Beschreiben von ihren Gedanken, Ideen, Handlungen und Figuren soll möglichst genau sein. Der vielleicht längste Satz besteht im englischen Original aus 13955 Wörtern. Unser Vergessen beginnt dann schon vor dem Satzende. Aber glücklicherweise sind die meisten Sätze leicht verständlich, weil sie kurz und knapp bzw. gut gegliedert sind.

1 Finde im Text die Verben, die zu Nomen wurden. Trage sie mit ihren Signalwörtern in die Tabelle ein.

Artikel	versteckter Artikel (beim = bei dem)	Possessivpronomen	Adjektiv

2 Ergänze die Tabelle mit jeweils eigenen Beispielen zum Thema „Lesen".

3 Im Text findest du einen Nebensatz mit weil.
a. Unterstreiche den Nebensatz mit weil und markiere das Komma.
b. Schreibe zu jedem Satzschema drei eigene Sätze in dein Heft.

☐ Hauptsatz, Nebensatz mit weil ☐ Nebensatz mit weil, Hauptsatz

4 Schreibe den Trainingstext Der längste Satz? ab. Schreibe in dein Heft.

Adjektive werden zu Nomen, Komma bei dass

Wissen kompakt

Aus **Adjektiven** können **Nomen** werden. Die Signalwörter **etwas** und **nichts** machen Adjektive zu Nomen:
*gut – etwas **G**utes / Ich habe etwas **G**utes gegessen.*

Vor dem Wort **dass** steht immer ein **Komma**: *Ich glaube, **dass** sie kommt.*

In der Pause

In der Pause | spielen die Schülerinnen und Schüler miteinander. | Das ist etwas Schönes. | Furkan ist noch nicht lange | an der Schule. | Er erinnert sich, | dass an seiner alten Schule | in den Pausen | meistens nur | gechattet wurde. | Deshalb ist das | für ihn etwas Neues. | Der Junge findet | das gut. | Er wundert sich nur, | dass beim Spielen | bisher nichts Schlimmes | passiert ist. | Bald ist | die Pause beendet. | Es geht | zum Physikunterricht. | Furkan hofft, | dass er viel Spannendes | lernen kann.

1 Was findet Furkan an der neuen Schule gut? Schreibe einen Satz auf.

____

2 Im Text findest du vier Adjektive, die zu Nomen wurden. Sie sind markiert. Unterstreiche im Text die Signalwörter und markiere den Großbuchstaben.

3 Bilde Nomen aus folgenden Adjektiven. Verwende dabei die Signalwörter **etwas** und **nichts**.

etwas Süßes, etwas Neues; ______________________________

____

süß, neu, interessant, lieb, gesund

4 Unterstreiche die drei dass-Sätze im Text und markiere die Kommas.

5 Bilde eigene dass-Sätze mit den folgenden Satzanfängen.

Ich weiß, dass ______________________________.

Sie hofft, dass ______________________________.

Wir wünschen dir, dass ______________________________.

Er glaubt, dass ______________________________.

6 Schreibe den Text In der Pause ab. Schreibe in dein Heft.

Adjektive werden zu Nomen, Komma bei dass

Wissen kompakt

Aus **Adjektiven** können **Nomen** werden. Die Signalwörter **etwas**, **nichts**, **viel** und **wenig** machen Adjektive zu Nomen:
*gut – etwas **G**utes / Ich habe etwas **G**utes gegessen.*

Nach Verben des Sagens, Denkens und Meinens folgen oft **dass-Sätze**.
Der dass-Satz wird durch **Komma** vom Hauptsatz abgetrennt.
*Ich glaube, **dass** sie kommt.*

In der Mittagspause

In der Mittagspause | laufen die Schülerinnen und Schüler | schnell zur Mensa. | „Hoffentlich gibt es | etwas Leckeres“, | denkt Emma. | Sie wird nicht enttäuscht. | Sie sieht, | dass es Nudeln | und Salat gibt. | Häufig gibt es | wenig Köstliches. | Zum Nachtisch | wird viel Süßes angeboten. | „Das ist aber nichts Gesundes“, | kritisiert Furkan | und lässt | seinen Dessertteller stehen. | Er fürchtet, | dass er sonst | zum Zahnarzt muss. | „Karies ist nichts Schönes“, | erklärt er Emma, | „sondern kann | verdammt wehtun.“ | Aber Emma isst | fleißig weiter. | Ihr schmeckt es | und sie denkt | beim Essen | nicht an die Zukunft.

1 Im Text findest du fünf Adjektive, die zu Nomen wurden. Unterstreiche die Signalwörter und markiere den Großbuchstaben der Nominalisierungen.

2 Bilde mithilfe der Signalwörter etwas, nichts, viel und wenig neue nominalisierte Adjektive.

wichtig, alt, groß, schön, seltsam, riesig

etwas Wichtiges, nichts Wichtiges, viel Wichtiges, wenig Wichtiges

____

____

____

____

3 Der Text enthält zwei dass-Sätze. Unterstreiche die dass-Sätze und markiere jeweils das Komma.

4 **a.** Ergänze die folgenden Satzanfänge.
b. Schreibe zwei weitere dass-Sätze mit anderen Satzanfängen in dein Heft.

Sie denkt, dass ______________________________.

Er vermutet, dass ______________________________.

Adjektive werden zu Nomen, Komma bei dass

Wissen kompakt

Aus **Adjektiven** können **Nomen** werden, wenn ein **Artikel** oder ein **unbestimmtes Zahlwort** (etwas, nichts, viel, wenig) davorsteht: *grau – das* ***G****rau, etwas* ***G****raues.*
Auch das starke Wort **im** kann aus Adjektiven Nomen machen: *im* ***A****llgemeinen.*

Nach Verben des Sagens, Denkens und Meinens folgen oft **dass-Sätze**. Der dass-Satz wird durch **Komma** vom Hauptsatz abgetrennt: *Ich glaube,* ***dass*** *sie kommt.*

Nach der Schule

Nach der Schule verlassen die Schülerinnen und Schüler das Schulgelände. Sie beeilen sich, nach Hause zu kommen. Denn das Grau des Himmels verheißt nichts Gutes. Sie vermuten, dass es bald ein Unwetter geben wird. Regen kennen sie natürlich, aber zugleich bläst ein starker Wind. Das bedeutet vermutlich etwas Unangenehmes. Emma hofft, dass sie trocken zu Hause ankommt. Furkan ist im Allgemeinen nicht ängstlich. Doch so ein Unwetter mit Regen und Sturm macht auch ihm schnelle Beine. Er bleibt zunächst total cool. Aber als die ersten Tropfen fallen, wird er nervös. „Ich habe heute noch viel Spannendes vor", ruft er entschuldigend und rennt los.

1 Weshalb wird Furkan nervös? Schreibe einen Satz auf.

2 Finde im Text die Adjektive, aus denen Nomen wurden.
Unterstreiche die Adjektive und markiere die Signalwörter.

3 **a.** Bilde mithilfe selbst gewählter Signalwörter nominalisierte Adjektive.
b. Schreibe damit zwei Sätze auf.

4 Finde im Text die dass-Sätze. Unterstreiche jeweils den dass-Satz und markiere das Komma.

5 Bilde eigene dass-Sätze mit den folgenden Satzanfängen.

Er denkt

Sie meint

Wir wünschen uns

6 Schreibe den Trainingstext Nach der Schule ab. Schreibe in dein Heft.

Wörter mit ver-, er-, Komma bei als

Wissen kompakt

Mit den Vorsilben **ver-** und **er-** kannst du neue Wörter bilden:
suchen – versuchen, ersuchen.

Das Wort **als** leitet einen Nebensatz ein. Der Nebensatz wird durch **Komma** vom Hauptsatz getrennt:
***Als** wir ankamen, trafen wir die Freunde.*

Ein Fall für Kommissar Kuno

Als der Kommissar | Tochter Else | nach dem **verschwundenen** Armband | ihrer Mutter fragte, | **errötete** sie | vor Aufregung: | „Wann haben Sie | das Haus **verlassen**?“ | „So gegen 08:00 Uhr, | mein Chef **erwartet** mich | um 08:30 Uhr.“ | **Verwundert** | schaute Kommissar Kuno | der Tochter in die Augen. | „Weshalb ist sie | nur so nervös?“, | dachte er, | „wenn ihr Chef | das Alibi bestätigt, | kommt sie als Täterin | nicht infrage.“ | „Ich muss | noch etwas **erklären**“, | flüsterte Else, | „ich war gar nicht | um 08:30 Uhr im Büro, | sondern erst um 09:00 Uhr. | Vor der Haustür | traf ich | unsere Nachbarin. | Wir haben geredet | und ich habe mich **verspätet**. | Als ich schließlich ging, | war Mutter | noch im Haus.“

1 Weshalb kam Else als Täterin nicht infrage? Schreibe einen Satz auf.

2 Im Text sind die Wörter mit den Vorsilben **er-** und **ver-** markiert.
Schreibe die Wörter in der Grundform (im Infinitiv) in dein Heft und markiere die Vorsilben.

3 Bilde mit den Vorsilben **er-** und **ver-** neue Wörter und schreibe sie in dein Heft.

-tragen | -ziehen | -legen | -geben | -stellen | -lassen | -kennen

4 Im Text findest du zwei Sätze mit als.
a. Schreibe die beiden Sätze auf, markiere als und die Kommas.
b. Schreibe einen eigenen Satz mit als auf.

5 Schreibe den Text Ein Fall für Kommissar Kuno ab. Schreibe in dein Heft.

Wörter mit er-, ent-, ver-, Komma bei als

Wissen kompakt

Mit den Vorsilben **er-**, **ent-** und **ver-** kannst du neue Wörter bilden:
gehen – ergehen, entgehen, vergehen.

Das Wort **als** leitet einen Nebensatz ein. Der Nebensatz wird durch **Komma** vom Hauptsatz getrennt: ***Als*** *wir ankamen, trafen wir die Freunde.*

Ein Fall für Kommissar Kuno,

Als Kommissar Kuno | den Schwiegersohn verhörte, | wurde der richtig wütend. | „Was erlauben Sie sich? | Was soll ich | mit Omas Armband, | etwa verkaufen? | Ich verdiene | in meinem Betrieb genug!“ | Entgeistert | verstummte der Kommissar | für einen Augenblick. | Dann fragte er | mit fester Stimme: | „Wenn ich Sie | nicht verhaften soll, | müssen Sie mir | schon sagen, | wann Sie das Haus | verlassen haben.“ | „Ich muss | mich entschuldigen“, | sagte Heinz verlegen, | „ich war | etwas erregt. | Ich fahre immer | um 09:00 Uhr | zum Betrieb. | Als ich fuhr, | erledigte meine Schwiegermutter | noch was in der Küche.“ | Der Kommissar | war enttäuscht, | zeigte es aber nicht. | „Dann scheiden auch Sie | als Täter aus“, | murmelte er, | „Wahrscheinlich | hat sich das Armband | in Luft aufgelöst.“

1 Warum war Heinz erregt? Schreibe einen Satz auf.

2 Im Text findest du Wörter mit den Vorsilben **ver-**, **ent-** und **er-**.
a. Übertrage die Tabelle in dein Heft.
b. Ordne die Wörter in der Grundform in die Tabelle ein.
c. Ergänze fünf verwandte Nomen mit **ver-**, **ent-** oder **er-**.

ver-	*ent-*	*er-*
…	…	…

3 **a.** Bilde mit den Vorsilben **ver-**, **ent-** und **er-** neue Wörter und ordne sie in die Tabelle ein.
b. Schreibe mit drei neuen Wörtern je einen Satz in dein Heft.

stellen, lassen, ziehen, laufen

4 **a.** Finde im Text die beiden Sätze mit **als** und schreibe sie in dein Heft.
b. Unterstreiche **als** und markiere die Kommas.
c. Stelle die Sätze so um, dass der Nebensatz am Ende steht.
d. Ergänze zwei eigene Sätze mit **als**.

5 Schreibe den Trainingstext Ein Fall für Kommissar Kuno ab. Schreibe in dein Heft.

Wörter mit er-, ent-, ver-, vor-, Komma bei als

Wissen kompakt

Mit den Vorsilben **er-**, **ent-**, **ver-** und **vor-** kannst du neue Wörter bilden:
gehen – ergehen, entgehen, vergehen, vorgehen.

Das Wort als leitet einen Nebensatz ein. Der Nebensatz wird durch **Komma** vom Hauptsatz getrennt: ***Als*** *wir ankamen, trafen wir die Freunde.*

Ein Fall für Kommissar Kuno

Als Kommissar Kuno ihn verhörte, gab Samson alles zu. „Die ersten Stunden fielen heute aus, daher konnte ich länger schlafen", erklärte er. „Es war niemand mehr da, als ich in die Küche kam. Auf dem Tisch lag Omas Armband. Ich wollte ihr einen Denkzettel verpassen, damit sie mit ihren Wertsachen vorsichtiger umgeht. Deshalb habe ich das Armband in der Zuckerdose versteckt." Vater und Mutter schauten entsetzt erst auf ihren Sohn, dann auf Kommissar Kuno. Was nun? Nachdem er kurz überlegt hatte, erklärte der Kommissar: „Der Fall ist gelöst, der Schmuck wieder da. Aber das darf nicht noch einmal vorkommen", sagte er, „schließlich ist mein Einsatz mit Kosten verbunden. Die Rechnung erhalten Sie." Als er das hörte, wurde Samson immer kleiner. Und er nahm sich vor, in Zukunft seiner Oma keinen Schrecken mehr einzujagen.

1 Weshalb waren Samsons Eltern entsetzt? Schreibe einen Satz auf.

____

2 Im Text findest du Wörter mit den Vorsilben **er-**, **ent-**, **ver-** und **vor-**.
- **a.** Schreibe die Wörter auf.
- **b.** Ergänze fünf verwandte Nomen. Setze den bestimmten Artikel davor.

verhören – das Verhör ______________________

____

____

____

____

3 Im Text findest du drei Sätze mit **als**.
- **a.** Schreibe die Sätze in dein Heft.
- **b.** Unterstreiche **als** und markiere die Kommas.
- **c.** Stelle die Sätze um, indem du Haupt- und Nebensatz tauschst.
- **d.** Ergänze drei eigene Sätze mit **als**.

4 Schreibe den Trainingstext Ein Fall für Kommissar Kuno ab. Schreibe in dein Heft.

Wörter mit doppelten Konsonanten, Komma bei wenn

Wissen kompakt

Nach einem kurzen Vokal im Wortstamm folgen oft doppelte Konsonanten: *die Kartoffel, die Brille, das Zimmer.*

Das Wort **wenn** leitet einen Nebensatz ein. Der Nebensatz wird durch **Komma** vom Hauptsatz getrennt: *Wir freuen uns, **wenn** sie kommen.*

Brief an die Eltern

Liebe Eltern, |
die Klasse 6 d | möchte im Mai | eine Klassenfahrt machen. | Die Fahrt | ist nicht billig. | Daher laden wir Sie | zu einem Informationsabend | in unser Klassenzimmer ein. | Wir stellen Ihnen | die Fahrt vor | und beantworten | interessierte Fragen. | Natürlich freuen wir uns | auch über | eine Aufbesserung unserer Kasse. |
Die Veranstaltung | beginnt am Mittwoch, | den 23.03., | um 19:00 Uhr. | Der Abend | wird ein Erfolg, | wenn möglichst | viele von Ihnen kommen. |
Mit freundlichen Grüßen |
Ihre Klasse 6 d und die Klassenlehrerin

1 **a.** Markiere im Text die elf Wörter mit Doppelkonsonanten.
b. Kennzeichne die kurzen Vokale mit einem Punkt. Unterstreiche die Doppelkonsonanten.

2 Bei einigen Wörtern gibt es eine besondere Pluralbildung.
a. Schreibe den Plural zu folgenden Nomen auf.
b. Kennzeichne die kurzen Vokale mit einem Punkt. Unterstreiche die Doppelkonsonanten.

die Freundin | die Verkäuferin | die Polizistin | die Ärztin | die Nachbarin

die Freundin – die Freundinnen, ______________________

____

____

3 Finde im Text das Satzgefüge mit wenn.
a. Schreibe den Satz auf.
b. Markiere wenn und das Komma.

____

4 Schreibe den Trainingstext Brief an die Eltern ab. Schreibe in dein Heft.

Wörter mit ck und tz, Komma bei Datumsangaben

Wissen kompakt

Nach einem kurzen Vokal oder Umlaut im Wortstamm schreibt man **ck** und **tz**: *das Glü**ck**, frühstü**ck**en – die Ka**tz**e, plö**tz**lich.*

Schreibt man in einem Text ein Datum, steht zwischen Wochentag und Datum ein Komma: *Montag, den 21.01.2019; Freitag, 11.12.2020.*

Brief an den Schulausschuss

Sehr geehrte Frau Schiller, | Dienstag, 17.12.2019

als Mitglied des Schulausschusses | unserer Stadt | können Sie | uns bestimmt helfen. | Das Pflaster | auf unserem Schulhof | ist alt und **zerbröckelt**. | **Dicke Stücke** | liegen lose herum. | Erst am Freitag, | den 13.12.2019 | ist ein Schüler | **plötzlich** gestolpert | und hat sich | am **Rücken verletzt**. | Es wäre schön, | wenn wir | den **Schulplatz** | bald wieder | zum Spielen | **benutzen** könnten. |

Mit freundlichen Grüßen |

Kevin Kühn, Schüler der 6b

1 Im Text sind vier Wörter mit **ck** und vier Wörter mit **tz** markiert.

a. Schreibe die Wörter auf.

b. Ergänze bei jeweils zwei Wörtern ein verwandtes Wort mit **ck**.

c. Kennzeichne alle kurzen Vokale mit einem Punkt.

d. Finde weitere Wörter mit **ck** und **tz** und schreibe sie dazu.

ck: *zerbröckelt – bröckeln,* ______________________

____

____

tz: ______________________

____

____

2 **a.** Im Text findest du eine Datumsangabe. Markiere sie und unterstreiche das Komma.

b. Setze die Kommas in folgenden Datumsangaben.

Mittwoch 10.06.2020 Dienstag 10.03.2020

3 Schreibe den Trainingstext Brief an den Schulausschuss ab. Schreibe in dein Heft.

Wörter mit doppelten Konsonanten, Wörter mit ck und tz, Komma bei wenn und bei Datumsangaben

Wissen kompakt

Nach einem kurzen Vokal im Wortstamm folgen oft doppelte Konsonanten:
die Kartoffel, die Brille, das Zimmer.
Auch schreibt man nach einem kurzen Vokal oder Umlaut im Wortstamm **ck** und **tz**:
das Glück, frühstücken – die Katze, plötzlich.

Das Wort **wenn** leitet einen Nebensatz ein. Der Nebensatz wird durch **Komma** vom Hauptsatz getrennt: *Wir freuen uns, **wenn** sie kommen.*
Schreibt man in einem Text ein Datum, steht zwischen Wochentag und Datum ein Komma: *Montag, den 21.01.2019; Freitag, 11.12.2020.*

Brief an die Eltern

Liebe Eltern, |
die Unterstufe | der Heinz-Nixdorf-Gesamtschule | in Paderborn | plant für Freitag, | den 29.05.2020, | ein Schulfest. | Wenn das Wetter | schön ist, | findet die Veranstaltung | auf dem Schulhof | statt. | Bei Blitz und Donner | ziehen wir uns | in die Aula zurück. | Geplant ist | ein Wettspiel | zwischen Schülerinnen/Schülern | und Lehrerinnen/Lehrern. | Für das leibliche Wohl | ist gesorgt. |
Mit freundlichen Grüßen |
Friedhelm Fröhlich (Stufensprecher)

1 **a.** Finde im Text die Wörter mit Doppelkonsonanten und schreibe sie in dein Heft.
b. Kennzeichne die kurzen Vokale mit einem Punkt und markiere die doppelten Konsonanten.

2 **a.** Finde im Text das Wort mit **ck** und das Wort mit **tz**.
b. Finde weitere Wörter mit **ck** und **tz** und schreibe sie dazu.

ck: ____________________

tz: ____________________

3 Der Text enthält ein Satzgefüge mit wenn.
a. Schreibe das Satzgefüge in dein Heft und markiere wenn und das Komma.
b. Stelle den Satz um, sodass der Nebensatz am Ende steht, und schreibe ihn auf.

4 **a.** Im Text findest du eine Datumsangabe. Markiere sie und unterstreiche das Komma.
b. Setze die Kommas in folgenden Datumsangaben.

München den 14.07.2021 Berlin den 22.02.2022

Wörter mit doppelten Konsonanten, Wörter mit ck und tz, Komma bei wenn und bei Datumsangaben

Wissen kompakt

Nach einem kurzen Vokal im Wortstamm folgen oft doppelte Konsonanten:
*die Karto**ff**el, die Bri**ll**e, das Zi**mm**er.*
Auch schreibt man nach einem kurzen Vokal oder Umlaut im Wortstamm **ck** und **tz**:
*das Glü**ck**, frühstü**ck**en – die Ka**tz**e, plö**tz**lich.*

Das Wort **wenn** leitet einen Nebensatz ein. Der Nebensatz wird durch **Komma** vom Hauptsatz getrennt: *Wir freuen uns, **wenn** sie kommen.*
Schreibt man in einem Text ein Datum, steht zwischen Wochentag und Datum ein Komma:
Montag, den 21.01.2019; Freitag, 11.12.2020.

Brief an den Bürgermeister

Sehr geehrter Herr Bürgermeister, Mittwoch, den 30.01.2019

in letzter Zeit häufen sich an unserer Schule die Klagen über das Essen. Am Dienstag, 15.01.2019, hat es zu diesem Thema eine Befragung an unserer Schule gegeben. Den meisten Schülerinnen und Schülern schmeckt es nicht. Es ist zu teuer und zu fettig. Viele wollen es deshalb abbestellen. Daher bitte ich Sie, mal mit dem Lieferanten zu sprechen. Bestimmt können Sie etwas verändern, wenn Sie Ihren Einfluss geltend machen. Wir würden uns jedenfalls freuen, wenn auch mal alternatives Essen angeboten würde.

Im Voraus vielen Dank!

Mit freundlichen Grüßen

Kati Klug (Klassensprecherin 6 a)

1 **a.** Markiere im Text die Wörter mit Doppelkonsonanten und mit **ck** sowie mit **tz**.
b. Schreibe die Wörter mit Doppelkonsonanten auf und kennzeichne die kurzen Vokale mit einem Punkt.
c. Ergänze jeweils zwei weitere Beispielwörter.

Doppelkonsonant: ____________________

____

ck: ____________________

tz: ____________________

2 Schreibe die beiden Satzgefüge mit wenn aus dem Text jeweils zweimal in deinem Heft auf. Der Nebensatz soll einmal in der Spitzenstellung und einmal in der Endstellung stehen.

3 **a.** Im Text findest du eine Datumsangabe. Markiere sie und unterstreiche das Komma.
b. Setze die Kommas in folgenden Datumsangaben.

Mittwoch 13.01.2021 Hamburg den 03.03.2022

Berlin den 10.11.2021 Montag 13.03.2023

Die Satzglieder im Überblick

Das Prädikat	
Das **Prädikat** sagt, was jemand tut oder was geschieht. Mit **Was tut?** oder **Was hat getan?** fragen wir nach dem Prädikat. Das Prädikat besteht aus einem Verb. Es kann auch **aus mehreren Teilen** bestehen. Sie bilden eine **Klammer**.	*Was tut ein Spieler? Ein Spieler steht im Kreis.* *Was tun die Mitspieler?* *Die Mitspieler halten den Ball auf.*
Das Subjekt	
Das **Subjekt** kann eine Person oder eine Sache sein. Mit **Wer oder was?** fragen wir nach dem Subjekt. Es kann aus einem oder mehreren Wörtern bestehen.	*Wer sitzt im Kreis?* *Mehrere Mitspieler sitzen im Kreis.* *Was bildet Tore?* *Die Beine bilden Tore.*
Die Objekte	
Mit **Wen oder was?** fragen wir nach einem **Akkusativ-Objekt**.	*Wen informiert Anna?* *Anna informiert die Klasse.* *Was müssen die Mitspieler aufhalten?* *Sie müssen den Ball aufhalten.*
Mit **Wem?** fragen wir nach einem **Dativ-Objekt**.	*Wem geben die Kinder den Ball?* *Die Kinder geben ihm den Ball.*
Adverbiale Bestimmungen	
Mit einer **adverbialen Bestimmung des Ortes** können wir ausdrücken, wo etwas geschieht. Wir fragen mit **Wo?, Woher?** oder **Wohin?**.	*Wo stehen die Mitspieler?* *Die Mitspieler stehen im Kreis.*
Mit einer **adverbialen Bestimmung der Zeit** können wir ausdrücken, wann etwas geschieht. Wir fragen mit **Wann?** oder **Wie lange?**.	*Wann dürfen sie die Hände benutzen?* *Sie dürfen die Hände nie benutzen.*
Attribute	
Ein **Attribut** ist **Teil eines Satzgliedes**. Ein Attribut gibt zusätzliche Informationen zu einem **Bezugswort** (meist Nomen). **Beim Umstellen** bleibt ein **Attribut** fest mit seinem **Bezugswort verbunden**.	*der rechte Mitspieler,* *die eigenen Füße,* *der Spieler in der Mitte*

D wie Deutsch

Für den Deutschunterricht und für zu Hause.

Mit dem Arbeitsheft kannst du selbstständig weiterüben und die Klassenarbeiten vorbereiten.
„Wissen kompakt“ mit den wichtigsten Strategien, Arbeitstechniken und dem Merkwissen steht am Anfang jeder Einheit.
Dann kannst du auf drei Niveaus arbeiten: 🍊, 🍒 oder 🫐.
Bearbeite erst ein Niveau und nutze zum weiteren Üben und Vertiefen die beiden anderen Niveaus. Sie enthalten neue Materialien und neue Aufgaben.

Das übst du:

- schriftlich argumentieren, einen überzeugenden Brief schreiben,
- sachlich berichten, planvoll schreiben,
- Sachtexte erschließen,
- Fabeln lesen und schreiben,
- Gedichte lesen und untersuchen,
- Auszüge aus Jugendbüchern erschließen, Figuren beschreiben,
- Rechtschreiben und Grammatik.

Cornelsen

ISBN 978-3-06-200017-1

9 783062 000171